Sammlung AUGUSTINA

MIX
Papier aus verantwor-
tungsvollen Quellen
FSC
www.fsc.org
FSC® C020056

ISBN 978-3-649-63963-3

www.coppenrath.de

Hans Kruppa

Leben im Einklang

Weisheitsgeschichten

für die Seele

COPPENRATH

Inhaltsverzeichnis

Glück & Hoffnung

DIE SEHNSUCHT NACH DEM BESTEN

Ein Suchender fand nach langen Jahren unermüdlicher Suche einen Mann, von dem viele Menschen sagten, er sei ein Weiser. Er klopfte an seine Tür und bat um ein Gespräch. Der Weise nickte lächelnd und bat ihn hinein.

Der Suchende setzte sich zu ihm und sah ihm in die Augen. Plötzlich schienen ihm alle Fragen unwichtig, die er hatte stellen wollen – doch dann lachte der Weise, und der Suchende fühlte sich ausgelacht.

„Lachst du über mich?" fragte der Besucher verwirrt.

Der Weise lachte nur noch lauter. Und der Suchende wurde plötzlich unsicher, ob er wirklich an einen weisen Mann geraten war. So beschloß er, ihn mit einigen Fragen zu prüfen.

„Meinst du nicht auch, daß das Gute der schlimmste Feind des Besseren ist? Denn wir halten oft ängstlich am Guten und Bewährten fest und rauben uns damit die Kraft und den Mut, entschlossen das Bessere zu suchen."

Der Weise nickte.

„Und ist es nicht so, daß das Bessere wiederum der ärgste Feind des Besten ist – weil es uns so zufrieden macht, daß wir die Sehnsucht nach dem Besten verlieren?"

Der Weise nickte abermals.

„Ich habe immer das Beste gesucht", bekannte der Suchende, „seit dem Tag, als meine Suche begann. Ich fand viel Gutes in anderen Menschen, zwischen anderen und

mir und auch in mir. Doch ich ließ
es zurück, ging weiter und fand das
Bessere. Ich wurde zufrieden und
glaubte manchmal sogar, daß ich
glücklich sei. Doch meine Sehnsucht nach
dem Besten, dem Unübertrefflichen trieb mich schließlich
weiter. Ich ließ traurige Herzen auf meinem Weg zurück –
und mein eigenes Herz wurde selbst dabei traurig."

Und wieder nickte der Weise.

„Viele sagen, du seist ein weiser Mann. Wenn es so ist,
sage mir, ob es das Beste, das Unübertreffliche gibt, ob es
wirklich zu erlangen ist – oder eher dem Horizont gleicht,
der immerzu vor dem Wanderer zurückweicht, der ihn
erreichen will. Denn wenn das Beste nicht erreichbar ist,
sollte man sich dann nicht lieber mit dem Guten und Besseren zufrieden geben?"

Der Weise schüttelte den Kopf und antwortete: „Gib
dich mit dem zufrieden, was dich zufrieden macht. Und
werde glücklich mit dem, was dich glücklich macht. Doch
gib die Hoffnung nicht auf, das Beste finden zu können.
Es existiert, und wenn du es gefunden hast, weißt du es
jenseits aller Zweifel. Denn es schenkt dir den klaren Blick
ins Herz des Lebens. Solange du noch Sehnsucht nach
dem Besten verspürst, wirst du es suchen müssen."

Der Suchende bedankte sich, verbeugte sich achtungs-
voll zum Abschied und verließ den Weisen mit Licht im
Herzen.

DER WEISSE KIESELSTEIN

Ein weißer Kieselstein lag unter Tausenden von anderen Kieselsteinen in allen Farben und Formen und Größen am Strand. Eine lange Zeit war er sich seiner selbst nicht bewußt gewesen, hatte am Tag die Wärme der Sonne in sich aufgenommen und sie an die Kälte der Nacht abgegeben.

Doch eines Tages erwachte sein Selbstbewußtsein. Und er erkannte, daß er ein annähernd runder und gänzlich weißer Kieselstein war – einer unter unzähligen. Es machte ihn sofort traurig, nur ein kleiner Teil einer riesigen Masse zu sein. Wohin der Kieselstein auch blickte, sah er nichts als Kieselsteine.

Wie sehr beneidete er die Palme in seiner Nähe, deren langer Schatten an jedem Sonnentag eine Weile auf ihm ruhte. Sie stand allein und schön am Strand. Sie war einmalig, etwas ganz Besonderes. Und auch das Meer in seiner mächtigen Endlosigkeit, dem sprühenden Spiel seiner Brandung – war es nicht bewundernswert? In ständiger Bewegung, Ebbe und Flut erzeugend, und dennoch geheimnisvoll in sich ruhend.

Und was war er dagegen? Ein unbeweglicher, kleiner weißer Kieselstein, irgendwann an den Strand gespült und dort liegengelassen, der Hitze der Sonne, der Kälte der Nacht preisgegeben, Regen und Sturm ausgeliefert, nur einer unter unzähligen seiner Art.

Er war nicht einmal unter seinesgleichen besonders. Da gab es große, schwere Steine, die so leicht kein Sturm bewegen konnte. Andere besaßen wunderschöne Farben und Muster.

Seine Traurigkeit über sich selbst wurde noch größer. Wie gern hätte er mit dem Meer getauscht, mit der Palme, mit den Vögeln in der Luft, mit den Sternen am Himmel. Was half ihm sein erwachtes Selbstbewußtsein, wenn es ihm nur zeigte, wie klein und unbedeutend er war? Wenn er wenigstens ein paar schöne Farben hätte – oder zumindest eine feine Maserung, wie so manche Steine in seiner Nähe!

Eines Abends geschah etwas Überraschendes. Am Himmel strahlte der Vollmond und tauchte den Strand in ein seltsames, geheimnisvolles Licht. Plötzlich hörte der weiße Kieselstein die leisen Stimmen zweier anderer Steine, deren Gespräch der Wind zu ihm trug. Als er merkte, daß sie über ihn sprachen, lauschte er aufmerksam, damit ihm kein Wort entging.

„Schau mal, der weiße Stein dort! Sieht er nicht wunderschön aus im Vollmondlicht? Er ist mir noch nie aufgefallen."

„Er hat wohl eine Schönheit, die sich nur in einem bestimmten Licht offenbart. Gegen sein leuchtendes Weiß wirken alle anderen Steine unscheinbar. Ob er weiß, wie wunderbar er anzuschauen ist?"

Am liebsten hätte der weiße Kieselstein vor Freude einen Sprung ins Meer gemacht.

„Er liegt da wie eine große weiße Perle, eben und rund. Ich wollte, ich wäre so schön wie er!"

Nun drehte sich der Wind und trug die leisen Stimmen der beiden Steine in eine andere Richtung. Doch der weiße Kieselstein hatte genug gehört. Er dachte eine Weile nach und begriff plötzlich, daß es anderen Steinen genauso ging wie ihm: Auch sie sehnten sich danach, anders zu sein, als sie waren. Und gerade die beiden Steine, die so gut über ihn sprachen, hatte er wegen ihrer Größe schon oft beneidet!

Vielleicht ging es ja sogar der Palme so! Womöglich wollte sie lieber das Meer sein oder ein Stern am Himmel. Und das Meer wollte am Ende lieber das Land sein. Was mochte es nur sein, was einen so unzufrieden mit sich selbst machte, überlegte der weiße Kieselstein.

Durch einen Zufall hatte er erfahren, daß er in einem bestimmten Licht schön und wunderbar anzuschauen war. Das hätte er nie für möglich gehalten. Und so gelang es dem weißen Kieselstein zum ersten Mal in seinem Dasein, mit sich selbst einverstanden zu sein.

Mit der Zeit fühlte er sich immer wohler in seinem glatten weißen Körper. Sicher, er war noch immer ein Stein unter unzähligen anderen, aber das störte ihn nicht mehr. Auch mit seiner Unbeweglichkeit hatte er sich abgefunden. Er lag an einem bestimmten Ort, und dort würde er immer liegenbleiben, allein vom Sturm manchmal leicht bewegt. Da ging es ihm wie der Palme, wie dem Himmel und dem Meer. Auch sie konnten den Ort ihres Daseins nicht verlassen. Sie waren keine Vögel. So mußte es wohl sein. Er hatte verstanden. Seine Sehnsucht danach, mehr von der Welt zu sehen als diesen Strand, mehr zu sein als ein Stein unter unzähligen anderen, war endgültig überwunden.

In der nächsten Vollmondnacht ging ein Liebespaar den Strand entlang. Die junge Frau entdeckte den Kieselstein und sagte zu ihrem Liebsten: „Schau, wie schön er im Mondlicht leuchtet! Wie eine große Perle!"

Die Frau bückte sich, nahm den weißen Kieselstein in die Hand und betrachtete ihn mit freudigen, glänzenden Augen. Dann steckte sie ihn in ihre Tasche und nahm ihn mit zu sich nach Hause, wo sie ihm einen Ehrenplatz in ihrem Zimmer und in ihrem Herzen gab.

WAS MAN LIEBT

Ein Mann, der seinen Beruf liebte, besuchte einen Freund und fragte ihn, ob seine nicht immer leichte Arbeit der Sinn seines Lebens sein könne.

„Du liebst deine Arbeit, also ist sie der Sinn deines Lebens. Man erkennt den Sinn seines Lebens daran, daß man ihn liebt, auch wenn man dabei die eine oder andere Schwierigkeit überwinden muß."

„Deine Worte tun mir gut, denn einige reden mir ins Gewissen, daß ich zuviel arbeite, daß ich mich überarbeite und dabei all das verpasse, was das Leben schön und reizvoll macht."

„Sie meinen es sicherlich gut mit dir. Und in gewisser Weise kann ich sie verstehen. Denn bei vielen Menschen dient die Arbeit der finanziellen Absicherung des Lebens, während sein Sinn oft außerhalb der Arbeit zu finden ist: in der Liebe, in der Freundschaft, im Genuß, in den Künsten, in der schieren Lebensfreude. Doch bei dir ist es die Arbeit, in der du den Sinn deines Lebens findest. Dein Beruf ist deine Berufung, denn du liebst ihn. Und was man liebt, ist immer sinnvoll."

Freiheit ist ansteckend

„Oft habe ich dich um Rat gebeten, und immer hast du Worte gefunden, die mich inspiriert haben", sagte ein junger Mann zu einer weisen Frau. „Ich frage mich, wie dir das gelingt."

„Das ist ganz einfach. Ich erlaube meinem Bewußtsein zu spielen, wie man Kindern zu spielen erlaubt. Ich zwinge es nicht zu arbeiten, wie Erwachsene gezwungen sind zu arbeiten. Ich lasse ihm die Freiheit zu spielen, denn aus der Freiheit heraus entstehen die besten Gedanken, nicht aus dem Zwang. Die Freiheit des Bewußtseins ist die reinste Quelle der Inspiration. Der Zwang kann nicht inspirieren, er kann nur räsonieren, argumentieren, disziplinieren."

„Mag das der Grund dafür sein, daß ich mich in deiner Gegenwart freier fühle als sonst?" fragte der Mann.

„Freiheit ist ansteckend", antwortete die Frau. „Und sie ist das Beste, was ich dir zu geben habe. Denn nur ein freier Mensch ist der Meister seines Lebens. Und nur ein Meister seines Lebens versteht, es so zu führen, wie es geführt werden will, wie es geführt werden muß."

DAS GESCHENK

Ein älterer Mann kam zum Meister und sagte: „Ich liebe meine gute Frau. Und sie liebt mich."

„Das ist wunderbar", sagte der Meister mit einem Lächeln. „Es ist ein großes Glück, einen guten Menschen zu lieben und von ihm geliebt zu werden. Bist du nur gekommen, um mir das zu sagen? Oder bedrückt dich irgend etwas?"

„Nun ja, manchmal bedrückt mich das Wissen, daß unser Glück vergänglich ist. Daß es eines Tages enden wird. Spätestens, wenn einer von uns beiden stirbt. Wenn ich daran denke, hoffe ich, derjenige zu sein, der zuerst stirbt. Doch dann sage ich mir wiederum, daß dies eine egoistische Hoffnung ist. Und daß ich, gerade weil ich meine Frau so sehr liebe, lieber hoffen sollte, nach ihr zu sterben. Denn derjenige, der übrig bleibt, trägt die schwerere Last. Und ich liebe meine Frau so sehr, daß ich bereit bin, die schwerere Last zu tragen."

Nach einer Weile des Schweigens sagte der Meister: „Ich danke dir für dein Geschenk."

„Welches Geschenk?" fragte der Besucher überrascht.

„Fast alle Menschen, die zu mir kommen, suchen bewußt oder unbewußt meine Hilfe. Und ich helfe jedem so gut, wie ich es eben kann. Viele gehen von mir mit dem Empfinden, ein Geschenk erhalten zu haben. Wenn du von mir gehst, werde ich das Gefühl haben, beschenkt worden zu sein", erklärte der Meister.

DIE VOGELSCHEUCHE

Eine Vogelscheuche stand allein auf einem Feld und dachte über ihr deprimierendes Leben nach. Das Nachdenken machte sie noch trauriger, als sie ohnehin schon war. Der ganze Sinn ihres Daseins beruhte auf einer Täuschung des Bauern! Sie sollte aussehen wie ein Mensch, um die Vögel davon abzuschrecken, von seinem Feld zu essen und seine Ernte zu verringern. Deshalb hatte er ihr seine abgetragenen Kleidungsstücke angezogen und ihr seinen alten speckigen Hut auf den Kopf gesetzt.

Doch die Vogelscheuche spürte, daß es mehr gab. Sie sehnte sich nach einem Leben, in dem sie glücklich sein konnte – wenigstens ab und zu. Aber wie konnte sie jemals glücklich sein, wenn sie die Vögel täuschte? Denn sie liebte und bewunderte sie, die immer so glücklich wirkten, wenn sie flogen. Sie konnten ihr bestimmt etwas über das Glück erzählen, das ihr vielleicht helfen würde, es auch in ihr tristes Dasein zu bringen. Aber die Vögel hielten Abstand von ihr.

Dann kam eines Abends der Sturm, der alles veränderte. Er fegte der Vogelscheuche den Hut vom Kopf und riß ihr die Jacke und das Hemd vom Leib. Als das Unwetter sich am nächsten Morgen legte, sah sie nicht mehr wie ein Mensch aus, sondern wie ein plumpes, mit Strohbündeln umschnürtes Holzgestell mit Hose. Plötzlich flog eine Eule auf sie zu und setzte sich auf ihren mit Sackleinen überzogenen, gesichtslosen Strohkopf.

Jetzt nur nichts Falsches sagen, dachte die Vogelscheuche, denn sie war glücklich über den unverhofften Besuch und wollte ihn nicht sofort wieder verlieren. „Ich freue mich so über dein Kommen!" gestand sie der Eule.

„Warum freust du dich?"

„Weil ich dich bewundere. Du kannst so wunderschön fliegen und gleiten! Das sieht einfach zauberhaft aus. Wenn du dich selbst dabei beobachten könntest, würdest du mich verstehen!"

„Danke für das Kompliment! Du bist ja richtig nett! Und ich hatte immer Angst vor dir, weil ich dich für einen Menschen hielt."

„Vor mir braucht kein Vogel Angst zu haben. Ich liebe sie alle. Ich bin nur eine armselige Menschenattrappe, zu lebenslänglicher Bewegungslosigkeit, Einsamkeit und Täuschung verurteilt. Mein Dasein macht mich traurig. Wenn ich doch fliegen könnte wie du! Wenn ich doch glücklich sein könnte – wenigstens ab und zu!"

„Das kannst du doch!" sagte die Eule mit einem ermutigenden Blick.

„Und wie?"

„Durch Umwertungen der Werte. Durch Veränderungen der Perspektive."

„Kannst du das vielleicht etwas konkreter ausdrücken?" bat die Vogelscheuche.

„Sei froh, daß du bewegungslos bist, denn so hast du viel Ruhe, und in der Ruhe liegt Kraft und Tiefe! Betrachte deine Einsamkeit als eine Möglichkeit, dich selbst zu ergründen! Sei nicht bekümmert über dein irreführendes Aussehen! Das Äußere ist in gewisser Weise immer eine Täuschung. Finde heraus, was in dir steckt, denn darauf kommt es an. So findest du auch das Glück. Denn wer es nicht in sich selbst findet, der findet es nirgendwo."

„Von diesen Seiten habe ich die Dinge noch nie betrachtet!" sagte die Vogelscheuche überrascht und berührt.

„Man sollte die Dinge von allen Seiten betrachten und sich dann auf die besten Seiten konzentrieren", riet die Eule. „So verlieren die schlechten an Bedeutung. Denn alles, was wachsen will, braucht Aufmerksamkeit. Je weniger Beachtung du einer Seite schenkst, desto weniger Einfluß hat sie auf dich. Vergiß das Äußerliche und gehe in dich hinein. Auf diesem Weg findest du Glück."

„Liebe Eule, wie kann ich dir für deine wertvollen Ratschläge danken?"

„Indem du nie wieder traurig über dein Leben bist", sagte die Eule.

Der rebellische Zugvogel

Zwei nebeneinander fliegende Zugvögel kamen auf dem Weg von Europa nach Afrika ins Gespräch.

„Warum fliegen wir jedes Jahr aufs neue eine so lange Strecke zu unserem Winterquartier? Ich bin schon jetzt furchtbar müde. Warum nehmen wir diese kraftraubenden Mühen auf uns?" fragte der eine den anderen.

„So war es schon immer, und so wird es immer sein", war die stoische Antwort.

„Was schon immer so war, muß doch nicht immer so sein! Warum bleiben wir nicht einfach an einem Ort? Ich habe gehört, daß manche Zugvögel im Herbst nicht mehr nach Afrika fliegen, sondern in Europa überwintern. Zum Beispiel die Weißstörche, die Mönchsgrasmücken und die Zilpzalpen. Es mag in Europa kalt sein in den Wintermonaten, aber es ist besser, die Kälte zu ertragen als die Mühen und Gefahren dieser langen Reisen auf uns zu nehmen."

„Was immer du auch gehört hast, vergiß es lieber! Wir sind Zugvögel. Wir müssen ziehen, von Süden nach Norden und wieder von Norden nach Süden. Es ist nicht unser Leben, an einem Ort zu bleiben."

„Aber warum ist es nicht unser Leben? Man kann doch sein Leben ändern. Wenn es andere Vogelarten können, dann können wir es auch!"

„Gib endlich Ruhe! Du solltest dir deine Kräfte für unseren Flug sparen. Du wirst sie brauchen, denn wir haben erst ein Viertel des Weges hinter uns!"

Der rebellische Zugvogel dachte eine Weile nach und traf seine Entscheidung: „Dann werde ich der erste Vogel unserer Art sein, der in Europa überwintert."

Er scherte aus der Formation seiner Artgenossen aus und wendete um hundertachtzig Grad.

Nun flog er ganz allein. Am Anfang machte ihm das ein wenig angst und er fühlte, wie Schwäche sich in seinen Körper schlich. Doch nach einer Weile erfüllte ihn ein ungekanntes Gefühl von Freiheit, das ihm neue Kraft gab.

Und er flog so freudig wie noch nie.

Überraschender Besuch

Der junge Mann sonnte sich auf seinem Balkon und versuchte nachzudenken. Schade nur, daß eine Krähe seine Ruhe störte. Sie saß irgendwo auf einem Ast der Birke, die ihn vor den neugierigen Blicken der Nachbarn schützte und tat, was Krähen gern tun: Sie krächzte ausdauernd vor sich hin.

Bis sie zu dem Mann flog und geschickt auf dem Balkongeländer landete. Sie guckte ihn voller Ernst von der Seite an, als wollte sie seine Stimmung einschätzen. Und dann sagte sie: „Hallo, wie geht's so?"

„Gut! Und dir?"

„So lala."

„Nur so lala? Weshalb?"

„Naja. Offen gesagt: Ich wäre gern eine Möwe."

„Warum denn das?"

„Weil ich dann weiß wäre und nicht pechschwarz. Weil ich dann über das Meer schweben könnte, bis ich eine kleine Insel nur für mich finde."

„Ich mag dein schwarzes Gefieder, es sieht edel aus. In der Sonne hat es einen schönen, glänzenden, blauen Schimmer. Warum willst du auf einer einsamen Insel leben?"

„Um allein zu sein. Hier ist zuviel Trubel um mich herum. Ich finde nirgendwo einen Platz, wo ich von Herzen krächzen kann, wenn mir danach ist. Ich nerve halt. Eben habe ich dich doch genervt. Das hab ich dir angemerkt.

Hattest wohl auch noch Angst, daß ich dich am Kopf piekse, als ich zu dir flog. So eine bin ich nicht. Ich will keinem etwas Böses. Ich wäre nur gern ein Möwe."

„Ich mag Möwen. Aber Krähen mag ich auch."

„Auch mich?"

„Dich besonders."

„Und warum?"

„Weil du etwas Besonderes bist."

„Aber könntest du mich auch lieben?"

„Ich liebe dich jetzt schon. Du bist einfach herrlich."

„Das glaube ich dir nicht. Sobald ich weggeflogen bin, wirst du dich nicht mehr an mich erinnern."

„An dich werde ich mich immer erinnern! Vergiß doch einfach deinen Wunsch, eine Möwe zu sein, und stehe dazu, daß du eine Krähe bist. Und besuch mich von Zeit zu Zeit. Ich rede gern mit dir."

„Liebst du mich deshalb? Weil du gern mit mir redest?"

„Deshalb auch. Aber vor allem, weil du die Sehnsucht hast, ein anderer Vogel zu sein. Ich kenne dieses Gefühl. Vor ein paar Jahren ging es mir ziemlich schlecht, da wäre ich gern ein anderer Mensch gewesen. Aber schließlich habe ich erkannt, daß ich zu dem stehen muß, wer ich bin. Man kann nicht vor sich selbst flüchten. Und das braucht man auch nicht, wenn es jemanden gibt, der einen liebt. In meinem Fall war das eine junge Frau. In deinem Fall bin ich es. Also bitte bleib so, wie du bist."

Die Krähe war sprachlos vor Glück.

GLÜCK KOMMT GERN UNVERHOFFT

Eine Frau saß auf ihrem Sofa, dachte über ihr Leben nach und wunderte sich, wie schnell ihre Kindheit und Jugend vergangen waren: wesentlich schneller, als sie sich das vorgestellt hatte. Sie stand in der Mitte ihres Lebens und hatte das ungute Gefühl, die zweite Hälfte ihrer Lebenszeit würde weniger schön werden, als die erste es gewesen war. Denn in ihren jüngeren Jahren war ihre Seele von Träumen inspiriert gewesen, die ihr wunderbare und intensive Erlebnisse schenkten, auch wenn sie sich nach und nach als Illusionen entpuppt hatten.

Diese Erkenntnis betrübte sie und machte sich in allen Winkeln ihres Gemütes breit. Um auf andere Gedanken zu kommen, beschloß sie, einen Spaziergang im nahegelegenen Park zu machen.

Doch die besänftigende, erfrischende, aufheiternde Wirkung, die der weitläufige Park mit seinen hohen alten Bäumen und gewundenen Wasserläufen immer auf sie hatte, blieb diesmal aus, als wollte die Traurigkeit über die Unwiederbringlichkeit der verlorenen Zeit nicht aus ihrem Herzen weichen.

Als sie schon enttäuscht auf dem Rückweg zu ihrer Wohnung war, öffneten sich überraschend die Wolkenschichten am Himmel. Die Sonne strahlte warm und hell auf den Park hinab und tauchte alles in ein freundliches, warmes Licht.

Die Frau blieb unwillkürlich stehen, hielt den Atem an und hob den Blick.

Und plötzlich, von einem Moment auf den anderen, sah sie die Erhabenheit der weißen Wolken am Himmel, entdeckte die Schönheit der Blumen am Wegesrand, genoß die majestätische Pracht der alten Bäume. Und ganz tief in ihr veränderte sich etwas.

Unverhofft fiel ein Schleier in ihrem Bewußtsein. Sie spürte ganz deutlich das Glück, das sie umgab, in sie einfloß und sie erfüllte. Und sie erkannte, daß sie dieses Glück einfach nur deshalb nicht wahrgenommen hatte, weil sie zu sehr und zu intensiv mit der Trauer über ihre verlorene Jugend beschäftigt gewesen war.

Es mag ja sein, dachte sie, daß die erste Lebenshälfte besser als die zweite ist, aber wenn ich mir diesen Gedanken zur Gewohnheit mache, übersehe ich die Sehenswürdigkeiten und verpasse die Glücksmöglichkeiten, die mir die zweite Lebenshälfte bieten wird.

Während ein Lächeln sich auf ihr Gesicht legte, stieg vom Grund ihrer Seele ein Gefühl auf, das sie sanft bei der Hand nahm und zu einer Erkenntnis führte, die ihr Lächeln noch verstärkte: Glück ist der Blick hinter den Schleier der gewohnten Wahrnehmung, der Blick hinter die Kulissen des Alltäglichen, der Blick ins Herz des Lebens.

Das Gute führt ins Bessere

Eine unglücklich wirkende Frau suchte den Meister auf und fragte ihn: „Kannst du mir sagen, warum ich immer wieder das bittere Gefühl habe, daß mein Leben mir nicht schenkt, was ich mir von Herzen wünsche, und daß alle Mühe, die ich mir gebe, um meine Sehnsüchte zu erfüllen, vergeblich ist?"

„Gib nicht auf!" ermutigte der Meister sie. „Übe dich in Geduld. Das Leben weiß, was du für deine Entwicklung brauchst, und es wird dir die nötige Hilfe geben. Vielleicht nicht so schnell, wie du dir wünschst, vielleicht auch in ganz anderer Weise, als du dir vorstellst. Aber solange du deine Hoffnung nicht aufgibst, wird das Leben dich nicht aufgeben."

„Es ist schwer, die Hoffnung zu nähren, wenn man immer wieder enttäuscht wird", wandte die Besucherin ein.

„Ich weiß", stimmte der Meister ihr zu. „Aber begegne den Enttäuschungen mit der weisen Kraft der Gelassenheit. Gib nie den Mut auf! Suche das versteckte Gute in dem scheinbar Schlechten. Findest du es, wird es dich ins Bessere führen."

„Das klingt, als wäre es ganz einfach", sagte die Frau. „Aber wenn man tagtäglich mit Menschen zu tun hat, die einen nicht verstehen, die einem nicht richtig zuhören und immer nur über sich selbst reden und an sich selbst denken, ist es sehr schwierig."

„Ich habe nicht behauptet, daß es einfach ist", erwiderte der Meister. „Menschen haben Fehler, der eine hat mehr, der andere weniger. Perfekt ist niemand. Aber wir können uns gegenseitig helfen, weniger unvollkommen zu werden, indem wir anderen das schenken, was wir uns von ihnen wünschen. Wenn wir verstanden werden wollen, müssen wir versuchen zu verstehen. Suchen wir Geborgenheit, müssen wir Geborgenheit geben. Sehnen wir uns nach Nähe zu einem anderen Menschen, müssen wir uns ihm öffnen. Wollen wir, daß uns jemand gut zuhört, müssen wir bereit sein, seinen Worten und dem Ungesagten zwischen seinen Worten zu lauschen. Und wenn wir nicht nur an uns selbst denken und über uns selbst reden, werden wir auch Menschen anziehen, die Besseres zu tun haben, als uns zum Spiegel ihrer Selbstverliebtheit herabzuwürdigen. Nur wer Glück verschenken will, lernt glückliche Menschen kennen. Wer mit seinem Herzen geizt, wird engherzige, unglückliche Menschen treffen."

Die Frau nickte versonnen und ließ die Worte des Meisters tief in ihr Inneres sinken.

DURST

Die Blume hatte großen Durst. Seit sehr langer Zeit war kein einziger Tropfen Regenwasser mehr auf die Wiese gefallen. Jeden Tag aufs neue brannte die Sonne so intensiv und hartnäckig auf die Erde nieder, als wollte sie nie mehr damit aufhören.

Die Nächte und der Morgentau schenkten der Blume zwar immer ein wenig Erleichterung, doch wenn am Morgen die Sonne wieder zu strahlen begann, wurde ihr Durst von Tag zu Tag unerträglicher. Der Wiesenboden war ausgetrocknet, und ihre Lebenskraft ließ mehr und mehr nach.

Eines Abends, nach einem weiteren heißen und wolkenlosen Tag, wurde sie von einer tiefen Traurigkeit erfaßt, denn sie spürte, daß sie den nächsten Morgen nicht mehr erleben würde. Sie erinnerte sich daran, wie ihr Stengel die Bodenoberfläche mit sanfter Beharrlichkeit durchbrochen hatte. Wie sich Blätter an ihm gebildet hatten, wie froh und zuversichtlich er dem Licht entgegengewachsen war, genährt von Erde, Regenwasser, Luft und Sonnenlicht, und wie sich schließlich ihre Knospe formte. Voller Wehmut dachte sie an den glücklichen Tag zurück, als ihre Knospe mit einem sie bis ins Innerste erschütternden Glücksgefühl aufbrach und ihre Blütenblätter sich entfalteten.

Es war ein herrliches, ein wunderschönes Leben gewesen, doch nun würde es vorzeitig enden, weil der Regen zu lange ausgeblieben war. Damit muß ich mich abfinden, so weh es auch tut, sagte die Blume sich, während der Vollmond mitfühlend auf sie hinabzuschauen schien.

Eine ungekannte innere Stille ergriff von ihr Besitz, in der sie sich grenzenlos verlassen und verloren fühlte. Sie spürte, daß diese Stille die Nähe des Todes war. Und die Blume gab das auf, was sie bis dahin noch am Leben gehalten hatte: ihre Hoffnung.

Wenige Augenblicke später setzte ein sanfter Sommerregen ein, der bis zum Morgengrauen anhielt.

DIE WICHTIGKEIT DES MUTES

Ein Abiturient, der sich im unklaren über seinen weiteren Lebensweg war, fragte bei der Abiturfeier seinen ehemaligen Lieblingslehrer, von dem er eine sehr hohe Meinung hatte: „Welchen Weg soll ich am besten durchs Leben gehen?"

„Am besten den besten", sagte der Lehrer und schmunzelte.

„Mein Vater erwartet von mir, daß ich seinem Beispiel folge, Medizin studiere und Arzt werde, was zweifellos ein sinnvoller Beruf ist. Mein Verstand sagt mir, daß mein Vater recht hat. Doch mein Gefühl wehrt sich mit Händen und Füßen dagegen."

„Treten Sie nicht in die Fußstapfen eines anderen Menschen, auch wenn es noch so verlockend sein mag", riet der Lehrer. „Lassen Sie sich von Ihrem Vater nicht Ihr Leben vorschreiben, selbst wenn er es noch so gut mit Ihnen meint. So einzigartig wie jeder Mensch ist, ist auch sein Lebensweg. Viele riskieren nicht, ihren ureigenen Weg zu suchen, sondern erfüllen lieber die Erwartungen ihrer Eltern und Lehrer oder gehorchen ihren Ängsten oder ihrer Vernunft. Daraus entstehen oft falsche Lebenswege, die in großes Unglück führen können. Ohne eine gute Portion Mut ist es unmöglich, die eigene Berufung zu finden und der eigenen Bestimmung zu folgen."

„Ich muß gestehen, daß ich ein vorsichtiger Mensch

bin", sagte der junge Mann. „Sicherheit bedeutet mir viel. Es heißt zwar: Wer nicht wagt, der nicht gewinnt. Aber ebenso wahr ist doch: Wer nicht wagt, der nicht verliert."

„Alle Münzen haben zwei Seiten, auch die Münze der Vorsicht. Sie kann vor Schlechtem schützen, aber sie kann auch Gutes verhindern. Seien Sie mutig und seien Sie ehrlich, vor allem zu sich selbst. Bedenken Sie, daß es im Leben keine Sicherheit gibt, aber unheimlich viel Angst, sie zu verlieren. Lassen Sie sich nicht von dieser Angst verrückt machen, suchen Sie lieber den Sinn Ihres Lebens. Niemand kann das auch nur annähernd so gut wie Sie selbst. Trauen Sie sich etwas zu! Wer immer nur auf Nummer Sicher geht, dem kann sehr viel verloren gehen!"

Der junge Mann war sprachlos, denn er hatte das Gefühl, daß sein ehemaliger Lehrer ihm aus der Seele gesprochen hatte. Er fühlte sich von seinen Worten ermutigt und spürte, daß sie etwas in ihm in Bewegung setzten, das schon lange auf diesen Anstoß gewartet hatte.

DIE SINGENDE KRÄHE

Eine reichlich aus der Art geschlagene Krähe sang für ihr Leben gern. Doch außer sich selbst machte sie niemanden damit glücklich.

„Wenn ich hier im Park singe, werfen einige Menschen mit Steinen nach mir", klagte sie verzweifelt einer Amsel.

„Dann solltest du besser im Wald leben und dort singen", schlug die gutherzige Amsel vor.

„Da ist es noch gefährlicher! Im Wald schießen die Jäger auf mich, sobald ich den Schnabel öffne. Diese Barbaren! Neulich wäre ich fast getroffen worden! Das alles deprimiert mich zu Tode, denn Singen ist mein Leben! Aber vielleicht ist mein Gesang wirklich nicht so schön – und ich sollte lieber damit aufhören", seufzte die Krähe.

„Quatsch! Die Menschen sind noch nicht reif für deinen Gesang", zwitscherte die Amsel. „Du bist nur deiner Zeit voraus! Eine singende Krähe! Das darf es einfach nicht geben! Und was es nicht geben darf, das mögen die Menschen nicht!"

Die Krähe nickte nachdenklich. „Ja, du hast wohl recht. Aber was soll ich deiner Meinung nach tun?"

„Singe im Flug, hoch oben in den Lüften. So weit oben, daß kein Mensch auf der Erde dich hören kann!" war der Rat der Amsel. „Es wäre doch schade, wenn eine große Künstlerin wie du von einem Stein oder einer Kugel getroffen würde!"

Die Krähe bedankte sich überschwenglich bei der Amsel und schwang sich erleichtert in die Lüfte empor, um dort zu singen, wo kein Mensch sie hören konnte.

Eine Drossel, die Zeugin des Gesprächs geworden war, sagte zu der Amsel: „Warum erzählst du ihr einen solchen Blödsinn? Du weißt doch ganz genau, daß ihr Gesang eine Katastrophe ist!"

„Aber nur in den Ohren der anderen. Sie selbst macht er glücklich. Und darauf kommt es doch an!"

„Trotzdem hast du sie ganz schön vergackeiert!" kicherte die Drossel.

„Ich habe mich nur darum bemüht, sie glücklich zu machen", stellte die Amsel fest.

„Wie edel von dir! Aber jetzt mal im Ernst: Warum liegt dir so viel an dem Glück dieser nervigen Krähe, die nicht mehr alle Eier im Nest hat?"

„Zum einen tut sie mir leid. Zum anderen tue ich damit auch etwas für den Erhalt meines eigenen Glücks", antwortete die Amsel.

„Kannst du mir das näher erklären?" fragte die Drossel.

„Aber gern. Man muß glücklich sein, um andere glücklich zu machen. Und man muß andere glücklich machen, um glücklich zu bleiben", sagte die Amsel und schwang sich in die Lüfte.

Die Musik der Seele

Ein junger Pianist kam in die Endausscheidung eines renommierten Klavierwettbewerbs, dessen Gewinn schon manchem Nachwuchsmusiker als Sprungbrett in eine internationale Karriere gedient hatte.

„Du bist jetzt unter den sechs besten Teilnehmern", sagte seine Lehrerin am Abend vor dem entscheidenden öffentlichen Auftritt. „Ich weiß, daß du der beste Pianist unter ihnen bist. Technisch mögen zwei, drei von ihnen dir das Wasser reichen können, aber niemand spielt mit so viel Feingefühl und Leidenschaft wie du. Ich habe nun eine wichtige Bitte an dich: Ziehe dich morgen für deinen großen Auftritt dem Anlaß angemessen an!"

„Was meinen Sie damit?"

„Nun, wie sich alle männlichen Kandidaten präsentieren werden: in einem feinen dunklen Anzug, weißem Hemd und dezenter Krawatte oder Fliege und in eleganten schwarzen Schuhen. Ich habe das alles für dich besorgt."

„Das ist sehr lieb von Ihnen, aber so kann ich nicht auftreten. Ich fühle mich in einem Anzug eingeengt und unwohl, und das würde meinem Spiel schaden. Ich werde auftreten wie immer, in meinen Jeans, meinen Turnschuhen und dem weiten Flanellhemd."

„Damit wirst du optisch so sehr aus dem Rahmen fallen, daß die Jury verärgert sein wird."

„Dann soll sie verärgert sein! Es kommt nicht auf meine Kleidung an, sondern auf mein Spiel."

Die Klavierlehrerin seufzte. „Die Welt der klassischen Musik hat ihre Regeln, wie jede Welt. Und eine dieser Regeln lautet nun einmal, daß Pianisten einen dunklen Anzug tragen sollen, um nicht nur mit ihrem Talent und Können, sondern auch durch ihr Erscheinungsbild zu glänzen."

„Ich kann an einem dunklen Anzug nichts Glanzvolles finden."

Die Lehrerin seufzte erneut. „Wenn du in deiner Alltagskleidung auf die Bühne gehst, wird das die Wertung der Jury negativ beeinflussen. Sie wird deine Kleidung als eine Provokation empfinden, als einen Verstoß gegen die Regeln. Deine Sturheit wird dich den Preis und damit den Zugang zu einer internationalen Karriere als Konzertpianist kosten."

Der junge Pianist dachte eine Weile nach und sagte schließlich: „Wenn es so sein wird, dann soll es so sein."

Seine Lehrerin schüttelte traurig den Kopf und verließ das Hotelzimmer ohne ein Wort.

Ihre Vorhersage sollte sich als richtig erweisen. Obwohl ihr Meisterschüler am nächsten Tag fehlerfrei und mit so viel Gefühl und Hingabe spielte, daß es Steine hätte erweichen können, vergab die Jury den ersten Preis an einen anderen Teilnehmer.

„Du hast gespielt wie ein junger Gott", sagte seine Lehrerin, als sie nach der Verkündung der Juryentscheidung in einem Café saßen. „Aber du hast den Wettbewerb nicht gewonnen, weil du ausgesehen hast wie ein junger Mann von der Straße."

„Also wegen Äußerlichkeiten", sagte der Pianist.

„Ja, wenn du so willst, wegen Äußerlichkeiten. Ich habe dich eindringlich gewarnt. Mehr konnte ich nicht tun."

„Ich habe sehr viel von Ihnen gelernt, und dafür werde ich Ihnen immer dankbar sein. Jetzt ist die Zeit gekommen, meinen Weg allein weiterzugehen."

Die Lehrerin wirkte besorgt. „Ich kann verstehen, daß du enttäuscht und vielleicht auch wütend über das Urteil der Jury bist, aber du solltest jetzt keine vorschnellen Entscheidungen treffen."

„Meine Entscheidung ist nicht vorschnell. Ich bin auch nicht enttäuscht oder wütend. Mir ist eher so, als hätte der heutige Tag mir die Augen geöffnet und gezeigt, wohin ich nicht gehöre."

„Und wohin gehörst du nicht?"

„In eine Welt, in der Äußerlichkeiten die Wahrnehmung des Inneren beeinflussen. Ich will weiter für die Klaviermusik leben, aber in einer Welt, in der es allein auf die Musik ankommt."

„Und wo ist diese Welt?"

„Das herauszufinden ist jetzt meine Aufgabe."

Einige Jahre später trafen sich der Pianist und seine

ehemalige Lehrerin wieder in einem Café. „Hast du damals nach dem Urteil der Jury wirklich keine Wut, keine Enttäuschung empfunden?" fragte sie ihn.

„Nein, weder Wut noch Enttäuschung. Da waren andere, nie erlebte Gefühle in mir, die mir etwas Wichtiges sagen wollten, aber ich konnte ihre Sprache nicht verstehen. Ich spürte nur, daß sie sehr stark waren und ich mich ganz auf sie einlassen mußte, um herausfinden zu können, was sie mir sagen wollten. Dazu brauchte ich völlige Ruhe. Also sagte ich alle Termine ab und verbrachte die folgenden Wochen und Monate wie ein Einsiedler in meiner Wohnung. In den ersten Tagen rührte ich das Klavier nicht an, doch dann zog mich etwas mit unwiderstehlicher Macht zu ihm hin. Während ich eine Komposition von Bach spielte, empfand ich ein wachsendes Unbehagen in mir, das ich nicht kannte und mir nicht erklären konnte, bis ich plötzlich mitten im Stück abbrach – um dann wie in Trance eine Tonfolge zu spielen, die ich noch nie gehört hatte. Eine Melodie, die mich in ihren Bann zog und wie von selbst immer mehr Gestalt, Farbe und Tiefe annahm, bis ich verstand, was mit mir geschah: Ich komponierte mein erstes Klavierstück."

„Und das kam wie von selbst, ganz ohne Wollen, ohne Absicht?"

„Ja, es strömte so frei und dankbar aus meiner Seele, als hätte es schon lange auf diesen Augenblick gewartet. Ich hatte dabei ein so wunderbares Gefühl, wie es mir die Interpretation der großen Meister nie gegeben hatte. An diesem Tag verstand ich, was meine wahre Bestimmung war: Ich sollte nicht als Interpret anderer Komponisten, sondern als Interpret meiner eigenen Kompositionen leben! In den Wochen und Monaten darauf schrieb ich in einem wahren Schaffensrausch Dutzende von Klavierstücken. Es war, als wäre ein Bann gebrochen, als hätte sich eine Kraft in mir befreit, die lange gefangen gewesen war. Ein Jahr später präsentierte ich meine Kompositionen erstmals in Salons und kleinen Konzertsälen. In den folgenden Jahren wurden die Säle, in denen ich auftrat, immer größer. Und jetzt spiele ich meine Klavierstücke in den bedeutendsten Musikhäusern der Welt."

„Ich habe deinen erstaunlichen Weg mit Freude und Bewunderung und auch mit Stolz verfolgt", gestand die Klavierlehrerin. „Du hast einzigartige Kompositionen voller Magie und Schönheit geschaffen, Werke für die Ewigkeit. Du bist ein berühmter Musiker geworden. Die Melodien deiner Seele verzaubern die Musikwelt. Und du trägst immer noch deine ausgeblichenen Jeans, deine Turnschuhe und Flanellhemden auf den Konzertbühnen. Du bist dir treu geblieben, obwohl sich dein Leben so sehr verändert hat. Ich habe mich oft gefragt, warum ich in all den Jahren, in denen ich dich unterrichtet habe, nicht erkennen konnte, welch begnadeter Komponist in dir steckt."

„Ich habe es ja selbst nicht erkannt. Wie hätten Sie es da erkennen können? Zumal Sie voll und ganz konzentriert darauf waren, mein Spiel zu verbessern."

„Ja, wir waren beide nur darauf konzentriert, dein Spiel zu verbessern. Wir waren zu sehr damit beschäftigt, den Brunnen deiner Spielkunst auszubauen, um zu erkennen, daß unweit von ihm eine magische Quelle sprudelte. Ist es nicht seltsam, daß es einer Niederlage bedurfte, um dich zu einem Triumph zu führen? Nachdem die Jury damals den Preis, den zweifelsfrei du verdient hattest, einem anderen Teilnehmer verliehen hatte, habe ich befürchtet, daß diese Ungerechtigkeit dich aus der Bahn werfen und in eine Krise stürzen würde."

„Das hat sie auch – wenn man eine Krise als einen Zustand betrachtet, in dem man erkennt, daß sich unbedingt etwas ändern muß. Das Urteil der Jury war das Beste, was mir damals passieren konnte. Denn es hat etwas in mir befreit, das mir den Weg dorthin zeigte, wo ich jetzt bin: in der Seele meiner eigenen Musik, in der Musik meiner eigenen Seele."

BEIDE SIND EINS

„Was ist deine tiefste Erkenntnis?" fragte ein Mann eine weise Frau.

„Das wahre Wesen der Seele und die Liebe sind eins."

„Wie bist du zu dieser Einsicht gelangt?"

„Ich hatte Erlebnisse, die so tief und magisch waren, daß ich sie als mystisch bezeichnen muß. Erfahrungen, die nicht ohne meine vertrauensvolle Hingabe an die Liebe möglich gewesen wären. Diese Erlebnisse haben mir gezeigt, daß Liebe eine höhere Kraft ist, in deren Bann ich aus dem alltäglichen Leben auf eine andere Ebene des Seins aufsteige: in eine Dimension des fühlenden Erkennens, in die man die Sprache nicht mitnehmen kann."

„Was hast du dort gesehen, was hast du gefühlt?"

„Was man dort fühlt und sieht, kann man nicht beschreiben, aber das empfinde ich nicht als einen Mangel. Das Unbeschreibliche ist unbeschreiblich, Worte haben dort nichts zu suchen und zu finden. Worte, die jeder auf seine Weise verstehen oder mißverstehen würde. Deshalb ist das wahre Wesen der Seele so unbeschreiblich wie die Liebe. Und beide sind eins. Aber das sind nur Worte. Worte, deren Sinn du erst verstehen wirst, wenn du erlebt hast, was dich zu ihnen führte."

Liebe & Freundschaft

DIE FREUDE DER FREUNDSCHAFT

Zwei junge Frauen, eine Studentin und eine Journalistin, die seit Jahren gute Freundinnen waren, saßen auf einer Parkbank und genossen die friedliche Atmosphäre. Den Sonnenschein und blauen Himmel eines schönen Sommertages. Den kleinen See vor ihren Augen und die prächtigen Bäume, die ihn umsäumten. Das Zwitschern der Vögel und den leichten, sanften Wind, der das Gesicht zärtlich streichelte.

„Ich habe gestern abend über uns nachgedacht", sagte die Journalistin. „Dabei ist mir bewußt geworden, daß du meine beste Freundin bist. Die beste, die ich jemals hatte. Daß mir unsere Freundschaft sehr wertvoll ist, und daß ich sie nie verlieren möchte."

Die Studentin war von diesen Worten so berührt, daß sie eine Weile sprachlos war. Als sie schließlich etwas sagte, war es nur ein Wort: „Danke." Und dann ergänzte sie noch: „Ich empfinde es auch als ein großes Glück, daß wir unsere Freundschaft gefunden haben."

Nach einer Weile sagte die Journalistin: „Ich habe gestern auch darüber nachgedacht, ob es einen Maßstab gibt, mit dem man die Größe oder Tiefe einer Freundschaft messen kann. Und ich denke, Vertrauen ist ganz wichtig. Aber auch Vertrautheit, Ehrlichkeit, Ungezwungenheit. Daß man so sein kann, wie man ist."

„Ja, das alles ist sehr wichtig in einer Freundschaft",

stimmte die Studentin zu. „Aber da gibt es noch etwas anderes. Und vielleicht ist es das Allerwichtigste."

„Woran denkst du dabei?"

„An die Freude", antwortete die Studentin. „Als ich dich zum ersten Mal sah, fühlte ich eine große Freude, ohne zu wissen, warum. Jetzt weiß ich es: Es war die Freude, dich gefunden zu haben. Und dieser erste Eindruck hat sich inzwischen hundertfach bestätigt. Eigentlich immer, wenn ich mit dir zusammen bin, ist mein Herz froh. Ich habe noch mit niemandem eine solche Freude erlebt. Sicher, wir hatten auch schon mal weniger heitere Stunden, aber was unsere Freundschaft so wichtig macht, ist die Freude, die sie mir immer aufs neue schenkt."

Eine Ente kam herbeigeflogen und landete elegant auf der Oberfläche des Sees. Die Vögel sangen in den Bäumen.

Die beiden Frauen sahen sich in die Augen und lächelten.

DIE SUCHE KANN BLIND MACHEN

Wie bist du zu dem geworden, der du bist?" fragte eine junge Frau einen Mann, der den Ruf hatte, über ein hohes Maß an Selbsterkenntnis zu verfügen.

„Durch meinen Willen, es zu werden. Durch den Mut, den Weg zu mir zu gehen. Und durch die Liebe der Menschen, die mich dabei begleitet und geleitet haben."

„Hättest du auch zu dir gefunden ohne die Liebe dieser Menschen?"

Der Mann schüttelte den Kopf. „Nein. Die Liebe, die mir geschenkt wurde, war noch wichtiger und wirksamer als mein Wille und mein Mut."

„Wille und Mut kann man aus sich selbst heraus aufbringen, Liebe aber kommt von außen", sagte die Frau. „Man kann sie nicht erzwingen, sie ist ein Geschenk. Warum wurde sie dir geschenkt?"

„Das weiß ich nicht. Ich bin nicht liebenswerter als andere. Ich hatte wohl das Glück, zur rechten Zeit die richtigen Menschen zu treffen."

„War es wirklich nur Glück? Oder nicht doch auch Verdienst?"

„Es war, was es war. Aber warum fragst du mich das?"

„Weil es mir nicht an Wille und Mut mangelt, den Weg zu mir zu gehen, doch an der Liebe, diesem Willen und Mut Flügel zu verleihen. Ich suche sie täglich, und einige Male glaubte ich schon, sie gefunden zu haben, doch dann erwies sie sich als flüchtige Verliebtheit oder Illusion."

„Du solltest damit aufhören, sie täglich zu suchen. Ständige Suche kann blind machen für ihren Gegenstand. Liebe ist in ihrem Innersten immer eine Überraschung. Sie kommt zu uns oft gerade dann, wenn wir nicht nach ihr suchen."

Die junge Frau wirkte ratlos. „Und was soll ich dann tun?"

„Halte dich täglich offen für die Begegnung mit der Liebe. Es ist die Offenheit, welche die Liebe anlockt. Und es ist die zielgerichtete Ausschau nach ihr, die sie oft vertreibt."

„Über diese Worte werde ich nachdenken", sagte die Frau beim Abschied.

„Denke nicht über sie nach", riet ihr der Mann. „Versuche, sie zu fühlen. Das Herz sieht tiefer als der Verstand."

Das Pappmaché-Pferd

Ein Mann wachte mitten in der Nacht aus einem Traum auf, an den er sich nur vage erinnern konnte. Ein Traum, der mit seiner Frau zu tun gehabt hatte, die neben ihm im Bett lag und schlief.

Er lauschte ihren leisen, regelmäßigen Atemzügen, während er versuchte, die schnell ins Vergessen abtreibenden Erinnerungen an seinen Traum aufzuhalten. Denn er hatte das Gefühl, daß dieser Traum ihm etwas Wichtiges sagen wollte. Doch aus den wenigen Bruchstücken seiner Erinnerungen konnte er kein Bild zusammensetzen, in dem eine Botschaft zu erkennen war.

Der Mann fühlte sich matt und erschöpft. Die arbeitsreichen letzten Monate hatten ihn sehr viel Kraft und Zeit gekostet und seine Energiereserven aufgebraucht. Nur selten hatte er genügend innere Ruhe und Sanftheit in sich gespürt, um seine Frau zärtlich in den Arm zu nehmen und ihr seine Liebe zu zeigen. Der Mann war traurig darüber, denn die Liebe zu seiner Frau, mit der er schon über zwanzig Jahre zusammenlebte, war der wertvollste Schatz in seinem Leben. Doch wann hatte er ihr zum letzten Mal gesagt, wie viel sie ihm bedeutete und was für ein wunderbarer und kostbarer Mensch sie war?

So darf es nicht weitergehen, dachte er sich, ich muß ihr wieder öfter meine Liebe zeigen! Ich darf die Tage nicht weiter einfach so an uns vorüberziehen lassen, darf mich von den Sachzwängen nicht mehr so sehr vereinnahmen lassen.

Auf leisen Sohlen ging er in die Küche, um sich ein Glas warme Milch zu machen – in der Hoffnung, damit bald wieder einschlafen zu können.

Auf der Kommode im Korridor fiel sein Blick auf das weißlackierte Pferd aus Pappmaché, das seine Frau ihm vor mehr als zehn Jahren geschenkt hatte. Mit ihren geschickten Händen hatte sie es selbst gebastelt. Es sah mit seinem weißgepunkteten roten Kopftuch und seinen beiden Zöpfen wie die Comicfigur eines Pferdes aus. Man mußte unwillkürlich grinsen, wenn man es sah, denn es war schon komisch, aber zugleich hatte es mit seinen großen treuen Augen etwas Rührendes.

Er nahm das Pferd in die Hände, führte es unwillkürlich zu seinen Lippen und gab ihm einen spontanen Kuß auf die kühle Schnauze. Dabei fühlte er plötzlich eine so große und tiefe Liebe zu seiner Frau, daß ihm Tränen in die Augen stiegen. Denn es war ihm, als hätte er eigentlich seine Frau geküßt. Er schämte sich seiner Unfähigkeit, ihr seine Liebe in dem Maß zu zeigen, wie er sie empfand und wie sie es verdiente. Schämte sich dafür, daß er viel zu oft und zu lange am Computer saß, viel zu häufig nicht oder nur halbherzig ansprechbar war, weil er in vermeintlich wichtige berufliche Angelegenheiten vertieft war.

Behutsam stellte er das Pappmaché-Pferd wieder auf die Kommode – eines der vielen von Herzen kommenden

Geschenke, die seine Frau ihm gemacht hatte. Die sie ihm täglich dadurch machte, daß sie immer ansprechbar und aufgeschlossen für ihn war, so daß er stets mit Fragen oder Problemen zu ihr kommen und sich auf ihre Aufmerksamkeit und Hilfsbereitschaft verlassen konnte.

„Das wird sich alles ändern", sagte er zu dem Papp-maché-Pferd. „Versprochen! Ich muß mich ändern. Ich werde versuchen, deiner Schöpferin meine Liebe täglich zu zeigen, denn es genügt nicht, daß ich sie spüre. Auch sie soll sie spüren."

Plötzlich wußte er, welche Botschaft sein Traum ihm geschickt hatte: Wenn du schon geizen willst, dann geize mit allem, was dir in den Sinn kommt. Aber geize nie mit Bekundungen der Liebe zu dem Menschen, der dir mehr als alles andere im Leben bedeutet!

Nachdem er seine Milch getrunken hatte, ging er leise ins Schlafzimmer zurück, legte sich zu seiner Frau ins Bett und lauschte ihren ruhigen, gleichmäßigen Atemzügen. Er empfand eine große Freude und tiefe Dankbarkeit für das Glück, mit ihr schon so lange in Liebe verbunden zu sein.

Am liebsten hätte er sich über ihr Gesicht gebeugt und ihr einen Kuß auf die Stirn gegeben, aber er wollte sie nicht aus ihrem schönen Schlaf reißen. So schenkte er ihr den Kuß in Gedanken.

In diesem Augenblick gab sie ein leises, freudiges Geräusch von sich, als hätte sie seine Zärtlichkeit im Schlaf gespürt.

Das ist sie!

Seine Mutter hatte ihm vor neun Jahren das Haus vererbt. Als er die Siebzig überschritten hatte, wurde ihm bewußt, daß es zu groß für ihn geworden war. Er beschloß spontan, die Einliegerwohnung zu vermieten, die er seit Jahren kaum noch betrat. Früher hatten die Gäste seiner Mutter und später sein bester Freund, der nicht mehr lebte, bei ihren Besuchen dort übernachtet. Jetzt nützte sie niemandem mehr.

Der erste Interessent, der ihn während seines Frühstücks anrief, war eine Frau. Weil sie eine angenehme Stimme hatte und eine ruhige Person zu sein schien, vereinbarte er spontan einen kurzfristigen Besichtigungstermin mit ihr.

Eine Stunde später stand sie vor seiner Tür. Sofort fielen ihm ihre Augen auf. Die Iris von einem so noch nie gesehenen, strahlenden und klaren Blau, das Weiße ganz rein. Ihr Blick hatte eine scheue, freundliche Arglosigkeit, die ihn berührte. Und auch das sah er in ihren Augen: eine Güte, eine Sanftmut, der er ohne Zögern sein Vertrauen schenken würde, wenn er es nicht schon getan hatte. Er mußte sich zwingen, ihr nicht länger in die Augen zu schauen, als die Situation es rechtfertigte.

Er führte die Frau durch die Einliegerwohnung und setzte sich anschließend mit ihr auf die Terrasse. Bei dem Gespräch mit ihr stellte er fest, daß sie sensibel und kultiviert war und ein bezauberndes, unaufdringliches Lächeln hatte. Ihm gefiel der Klang ihrer leisen Stimme. Im Grunde gefiel ihm alles an ihr.

Das Telephon klingelte im Wohnzimmer, sicherlich weitere Interessenten, aber er ignorierte es. Die Wohnung hatte der Frau zugesagt, das hatte er ihr angesehen, aber mehr noch gefiel ihr der weitläufige Garten, in dem neben hoch gewachsenen Rhododendronbüschen und anderen Sträuchern fünf große Bäume standen: eine Eiche, eine Zeder, eine Hängebirke, eine Rotbuche und eine hohe, weit ausladende Trauerweide, die den Blick der Frau immer aufs neue anzog.

„So einen prächtigen Baum habe ich lange nicht gesehen!" sagte sie schließlich mit unverkennbarer Bewunderung.

„Sie mögen Bäume?"

„Ich liebe Bäume. Diese Trauerweide wirkt überhaupt nicht traurig, sondern wie eine Verkörperung der Lebensfreude, des Friedens, der Schönheit. Sie ist die Königin des Gartens. Es muß ein sehr schönes Gefühl sein, unter ihrem Blätterdach zu liegen."

„Ja, sie ist eine Augenweide. Sie können den Garten nutzen und benutzen, wann und wie es Ihnen gefällt. Wenn Sie Blumen pflanzen oder ein Gemüsebeet anlegen wollen, finden wir gute Berciche

dafür. Ich liebe die Ruhe hier, deshalb würde ich Sie bitten, mit Zimmerlautstärke fernzusehen, Radio oder Musik zu hören, die Nachtruhe einzuhalten und nach Möglichkeit keine Parties zu geben. Wäre das in Ordnung für Sie?"

Sie nickte. „Ich schätze die Ruhe, so wie Sie. Parties interessieren mich schon seit langem nicht mehr, weder als Gast noch als Gastgeberin."

Eine Viertelstunde später, in der er das Telephonklingeln noch mehrmals ignorierte, unterzeichneten sie den Mietvertrag, wobei er die Miete, die er eigentlich verlangen wollte, impulsiv um hundertfünfzig Euro reduzierte.

Am Monatsende zog sie ein.

Eine Woche nach ihrem Einzug lud sie ihn zum Abendessen ein. Sie hatte sich Mühe mit der Zubereitung des Essens und dem Decken des Tisches gegeben, den Blumen schmückten und auf dem Kerzen brannten. Das Essen, bei dem sie nicht viele Worte wechselten, schmeckte ihm sehr gut, wie auch der Wein.

„Heute bin ich vierzig geworden", sagte sie unvermittelt.

„Wirklich? Meinen herzlichen Glückwunsch! Hätte ich das gewußt, hätte ich ein Geschenk für Sie besorgt."

Sie hob abwehrend die Hände. „Mehr als meinen Geburtstag feiere ich eigentlich den Neubeginn meines Lebens."

„Den Neubeginn?"

„Ja. Die Brücke zu meiner Vergangenheit ist in sich zusammengestürzt, es war eine Fehlkonstruktion. Sie wirkte so solide, als könnte sie ein Leben lang halten, aber dann waren es nur fünf Jahre. Das hatte mich ziemlich aus der Bahn geworfen. Es gab schwierige Phasen voller Traurigkeit und Selbstzweifel. Vor etwa drei Monaten, als ich einen langen Waldspaziergang machte, rückte etwas in meiner Seele wieder an seinen richtigen Platz. Seitdem geht es mir gut. Viel besser, als ich es für möglich gehalten hatte. Ich habe mit dieser Zeit meines Lebens endgültig abgeschlossen und meinen inneren Frieden zurückgewonnen. Habe meine Wohnung gekündigt, in der ich mit meinem Ex-Freund zusammengelebt hatte, weil mich dort alles an meine Vergangenheit erinnerte. Aber ich will in der Gegenwart und für die Zukunft leben."

Als er ihr in die Augen sah, bekam er ein seltsames, warmes Gefühl, das er nicht einordnen konnte. „So gut habe ich lange nicht gegessen", sagte er. „Sie kochen hervorragend. Ich bin eher ein durchschnittlicher Koch, und das ist noch schmeichelhaft ausgedrückt. Es macht auch nicht so viel Spaß, für sich allein zu kochen. Öfter lasse ich mir das Essen an die Haustür liefern."

„Sie leben also allein in diesem großen Haus."

„Ja. Seit dem Tod meiner Mutter vor neun Jahren. Ich habe nie geheiratet, es hat sich nie ergeben."

„Nein? Aber wieso nicht?"

„Tja, wieso nicht? Es gab in meinem Leben einige Frauen, mit denen ich tiefere Beziehungen hatte. Ich habe diese Frauen geliebt, jede auf eine andere Weise, habe bei jeder auf eine Zukunft gehofft, aber diese Zukunft dauerte immer nur einige Jahre. In meinem Leben sind mehrere Brücken eingestürzt."

„Das ist schade", sagte sie leise.

„Ja, das ist es wohl. Andererseits haben diese Beziehungen mir viel Gutes geschenkt, für das ich dankbar bin. Als junger Mann habe ich mich nach einer großen, schicksalhaften Liebe gesehnt, einer ohne Fragezeichen, die den Kampf gegen die Zeit mit einem Lächeln annimmt und besteht. Aber früher oder später stellte sich immer aufs neue heraus, daß etwas Wesentliches zwischen der Frau und mir fehlte oder nicht zusammenpaßte. Es kam zu Verletzungen und Enttäuschungen, die letztlich zu Trennungen führten. Irgendwann gab ich die Suche endgültig auf und fand mich mit ihrem Scheitern ab. Vielleicht bin ich nicht der Richtigen begegnet. Vielleicht bin ich auch einfach für das Alleinsein geschaffen. Ich habe meine Bücher, meine Musik, meine Filmsammlung, das Haus, den Garten. Ich spiele jeden Tag Klavier und Gitarre, das gibt mir viel. Ich genieße die Freiheit, jeden Tag so zu leben, wie es mir gefällt. Gleich um die Ecke ist ein wunderschöner großer Park mit vielen Baumriesen, eine Wohltat für die Seele, dort gehe ich jeden Tag spazieren. Ich telephoniere gelegentlich mit alten Bekannten, aber im Grunde bin ich eine Insel. Vielleicht war ich das in gewisser Weise schon immer." Er wunderte sich, daß er so offen zu einer Fremden sprach, das war gar nicht seine Art.

„Sagt man nicht, kein Mensch sei eine Insel?"

„Der eine sagt das, der andere das Gegenteil, und irgendwo haben beide recht. Es ist eine Frage der Perspektive. Einerseits ist der Mensch ein soziales Wesen, andererseits ist er ein Individuum, eine Welt für sich. Ich glaube, nur wahre Liebe kann diese Welten verbinden, aber wahre Liebe ist selten. Ich bin gern allein, das war ich schon als Kind. Aber eigentlich bin ich nie wirklich allein, ich bin ja ständig in meiner eigenen Gesellschaft, und mit der komme ich gut aus."

„Fühlen Sie sich denn nie einsam?"

„Als junger Mann habe ich manchmal unter dem Gefühl der Einsamkeit gelitten. Ich habe mich damals gefragt, was Einsamkeit ist, und bin zu der Einsicht gekommen, daß Einsamkeit im Grunde nur negativ empfundenes Alleinsein ist."

„Haben Sie sich als junger Mann gefragt, welchen Sinn Ihr Leben hat?"

„Ja, ziemlich oft sogar. Ich habe verschiedene Antworten auf diese Frage gefunden, aber keine hat mich völlig überzeugt. Am meisten noch die, daß mein Leben sein eigener Sinn ist."

„Als ich jung war", sagte sie, „habe ich gern gefeiert und getanzt, bin gern gereist und war offen für alles, was sich gut anfühlte. Ich wollte glücklich sein, und manchmal glaubte ich, daß ich es war. Aber im Grunde fehlte immer etwas Entscheidendes, auch wenn ich mir das nicht einge-stehen wollte. Dann lernte ich einen Mann kennen, den ich für die Liebe meines Le-bens hielt. Die eingestürzte Brücke. Im letzten Jahr verliebte er sich in eine bildhübsche Holländerin und zog bald zu ihr nach Amsterdam. Er wollte trotzdem die Beziehung mit mir weiterleben lassen, schrieb mir Mails, rief mich immer wieder an, aber ich ant-wortete nicht, ging nicht ans Telephon. Ein-mal stand er vor meiner Tür und klingelte Sturm, aber ich habe nicht geöffnet. Ich hatte kein Vertrauen mehr in ihn, er hatte mich zu sehr verletzt. Die Zeit heilt wohl nicht alle Wunden, aber diese hat sie geheilt. Nicht zuletzt, weil ich eine gute Helferin hatte."

„Eine Freundin?"

Sie lächelte. „Ja, wenn man so will, eine Freundin: die Malerei. Ich habe schon immer gern gemalt. Beim Malen kann ich alles um mich herum vergessen. Mein ganzes Leben beschränkt sich dann auf das Bild, das entstehen will. Und diese Beschränkung hat etwas Befreiendes, Heilsames. Trinken wir noch ein Glas Wein?"

Er nickte. Nachdem sie die Gläser gefüllt hatte, sagte er: „Ich würde Ihre Bilder sehr gern sehen."

„Die allermeisten gehören mir nicht mehr. Meine Galeristin hat sie verkauft."

Als er ihr in die Augen sah, spürte er ein süßes, zartes Rieseln in der Brust, das ihm unbekannt war. „Sie haben mich gefragt, ob ich mich als junger Mann nach dem Sinn meines Lebens gefragt habe." Er wunderte sich über den Klang seiner Stimme. Sie war sanfter als sonst, weicher.

„Ja. Wieso kommen Sie darauf zurück?"

„Weil sich, so seltsam das klingen mag, mit den Jahren bei mir die wesentlichen Fragen vermehrt und die Antworten darauf vermindert haben. Man sagt ja, daß mit dem Älterwerden das Wissen wächst, aber bei mir ist es anscheinend umgekehrt. Bei mir ist das Bewußtsein meiner Unwissenheit gewachsen."

„Wie meinen Sie das?"

„Als Student wurde mir bewußt, daß die meisten Menschen zu oberflächlich leben, daß sie die Liebe unterschätzen, verkennen oder Angst vor ihr haben, daß sie zuviel denken und zuwenig fühlen. So wollte ich nicht sein und nicht werden. Ich lebte spontan, intuitiv, emotional, im Hier und Jetzt. Ich war fest davon überzeugt, den richtigen Weg zu gehen, trotz der einen oder anderen Bauchlandung. Es war ein intensiver Weg mit extremen Höhen und Tiefen, der mit den Jahren an meinen seelischen Kräften zehrte. Als ich ins mittlere Alter kam, wurde ich nachdenklicher und wohl auch etwas vorsichtiger. Damit büßte ich an Impulsivität und Lebendigkeit ein, denn wer spontan seinen

Impulsen und Gefühlen folgt, fühlt sich lebendiger als einer, der vor seinen Handlungen überlegt, welche Konsequenzen sie haben könnten. Er verpaßt oft den richtigen Moment, er zögert zu lange, anstatt die gute Gelegenheit beim Schopf zu ergreifen. Meine Nachdenklichkeit entwickelte sich trotzdem weiter, auf Kosten meiner Intuition und meiner Spontaneität. Schließlich erkannte ich, daß jede Art zu leben ihre Vor- und Nachteile hat, daß ich flexibel sein mußte, mal impulsiv und mal überlegt handeln sollte, ganz von der Situation abhängig. Aber zu erkennen, welche Situation welches Verhalten ratsam machte, erwies sich oft als schwierig. Man zögert vor einer Entscheidung, weil man aus Erfahrung weiß, daß man sich irren kann. Aber manchmal ist gerade das Zögern der Irrtum." Er führte das Weinglas zu seinem Mund und trank es in einem Zug aus. „Langer Rede kurzer Sinn: Früher wußte ich wenig, aber ich war mir meiner Überzeugungen und Handlungen sicher. Mit den Jahren lernte ich dazu, und je mehr Erfahrungen ich gewann, desto unsicherer wurde ich in meinen Einsichten und Entscheidungen … Entschuldigen Sie bitte, ich habe viel zuviel geredet."

„Nein, das haben Sie nicht."

„Doch, doch, der Wein hat mich redselig gemacht. Ich trinke selten Alkohol."

„Darf ich uns trotzdem die Gläser noch einmal füllen?"

Er lachte. „Ja, gern, dieser Wein ist zu köstlich, um etwas davon stehen zu lassen."

Sie goß ihnen den Rest des Flascheninhalts zu gleichen Teilen ein. Das Gespräch stockte eine Weile, bis sie sagte: „Es ist schon ein seltsames Gefühl, vierzig zu werden, denn nach der Vierzig kommt die Fünfzig. Und dann die Sechzig. Und so weiter. Darf ich Sie fragen, wie Sie mit dem Älterwerden umgegangen sind?"

„Wie mit allem Unvermeidlichen. Ich habe es akzeptiert und versucht, das Beste daraus zu machen, so banal das klingen mag. Der Körper verändert sich, nicht unbedingt zu seinem Vorteil. Die Gefühle werden milder, ihre Ausschläge nach oben und unten geraten kleiner und verlieren dadurch an Intensität. Zumindest bei mir. Ich falle nicht mehr so tief, aber steige auch nicht mehr so hoch. Aber seltsam – etwas in mir ist jung geblieben, als hätte die Zeit ihm nichts anhaben können."

„Wie würden Sie dieses Etwas beschreiben?"

„Es ist wie ein Vogel, der auf einem hohen Ast meines Lebensbaums sitzt und sich mein Altern von oben anschaut, ohne selbst älter zu werden."

Sie fuhr sich mit einer Fingerspitze langsam über die Lippen, wandte den Kopf zur Seite und blickte nachdenklich aus dem Fenster in den Garten. Er betrachtete ihr Profil, halb verborgen von ihren schulterlangen dunkelblonden Haaren. Sie hatte ein feines und seelenvolles Gesicht, das umso aparter wurde, je länger man es anschaute. Sie war wirklich eine Schönheit.

„Sie wollten doch meine Bilder sehen. Ich habe ein paar

unfertige im Schlafzimmer abgestellt, doch eins davon ist so gut wie fertig. Ich zeige es Ihnen."

Als sie aufstand, folgte sein Blick ihrem Gang, der genauso weich und leise wie ihre Stimme war. Ich habe Glück, dachte er, sie ist eine ganz besondere Frau, sie gefällt mir sehr, und ich bin sicher, daß wir uns verstehen werden. Wenn ich dreißig Jahre jünger wäre, würde ich mich Hals über Kopf in sie verlieben. Aber jetzt? Ich könnte ihr Vater sein. Aus ihrer Sicht bin ich wohl ein Opa. Mit ihrem Aussehen hat sie Chancen bei Männern, die jünger sind als sie. Aber vielleicht ist die Unmöglichkeit einer Liebe die beste Basis einer Freundschaft zwischen einer Frau und einem Mann. Wie sie manchmal lächelt! Vielleicht mag sie mich? Ach, was denke ich mir da zusammen! Sie ist freundlich, weil ich ihr Vermieter bin und sie ein gutes Verhältnis zu mir haben will, das ist alles. Ich habe zuviel Wein getrunken.

Er nahm sein Glas und trank es halb leer.

Sie kehrte mit einer etwa quadratmetergroßen Leinwand in die Wohnküche zurück und hielt sie erst so, daß er nur die Rückseite sehen konnte. Dann zeigte sie ihm die Vorderseite.

Das Bild berührte ihn auf den ersten Blick. Es stellte einen kahlen Baum in bräunlich-bläulichen Farben dar. Zweige hatte er nicht, er bestand nur aus Stamm und Ästen. Das Gemälde wirkte heiter, fast schon fröhlich, denn sein Hintergrund war in zarten, warmen Rottönen gehalten, übersät mit gelblich-orangenen Tupfern, die sich wie eine herbstlich verfärbte Blätterpracht über den Baumstamm und seine Äste legten und dem Gemälde eine magische Leichtigkeit gaben.

„Wunderschön", sagte er. „Sie haben aus einem eigentlich traurigen Motiv, einem kahlen Baum, etwas Üppiges, Lebendiges, Heiteres gezaubert. Daran erkennt man eine wahre Künstlerin."

„Woran?"

„Daß sie etwas Magisches erschaffen kann."

„Sie halten mich für eine wahre Künstlerin?"

„So wahr ich hier sitze. Zweifeln Sie etwa daran?"

„Manchmal schon. Ich habe keine besonderen Visionen. Im Grunde lasse ich nur meine Hände tun, was sie tun wollen."

„Genau das macht eine wahre Künstlerin aus. Die Absichtslosigkeit."

Sie lächelte. „Ich habe das Bild in einer melancholischen Stimmung angefangen, aber je länger ich daran malte, desto sonniger wurde meine Laune."

„Malen Sie gern Bäume?"

„Bäume sind meine Lieblingsmotive. Ab und zu male ich auch Blumen, blühende Sträucher und Tiere."

„Alles wunderschöne Motive", sagte er. „Wenn Blumen das Lächeln der Erde sind, dann sind Bäume ihre Umarmung." Er trank sein Glas leer und stellte es auf den Tisch zurück. „Ich danke

Ihnen für diesen schönen Abend, das hervorragende Essen, das gute Gespräch. Und für die Ehre, Ihr Geburtstagsgast gewesen zu sein. Ich habe mich seit langem nicht mehr so gut mit jemandem unterhalten. Aber jetzt wird es Zeit für mich zu gehen. Die Handwerker auf dem Nachbargrundstück haben mir heute meinen Mittagsschlaf zerhämmert, und ich spüre, wie die Müdigkeit kommt. Der Wein ist mir zu Kopf gestiegen, und bevor ich anfange, irgendwelchen Blödsinn zu reden, gehe ich besser."

„Schade. Ich hätte gern länger mit Ihnen geredet."

„Ich auch, aber das holen wir bald nach. Und dann sind Sie mein Gast. Ich werde so gut für uns kochen, wie es meine bescheidenen Fähigkeiten zulassen."

„Spielen Sie mir dann zum Nachtisch etwas auf der Gitarre und auf dem Klavier vor?"

„Gern. Aber erwarten Sie nicht zuviel, ich bin nicht gerade ein Virtuose."

Als er im Bett lag, konnte er keinen Schlaf finden. Seine Müdigkeit war verflogen. Eindrücke des Abends gingen ihm immer wieder durch den Kopf: Bilder ihres Gesichts, ihrer Blicke, ihres Lächelns. Er hörte den warmen Klang ihrer Stimme, fühlte die feinen Nuancen ihres Schweigens, spürte das Gefühl ihrer warmen Hand in seiner beim Abschied.

Ich kenne dich gar nicht, dachte er, und doch habe ich das merkwürdige Gefühl, dich

gut zu kennen. Ich weiß nicht, was wahre Liebe ist, aber so seltsam es sein mag: Ich glaube, daß ich dich wahrhaftig liebe. Das werde ich dir nie gestehen, denn es würde dir die Freiheit nehmen, dich mir gegenüber so natürlich und unbefangen zu verhalten, wie ich es liebe – wie ich dich liebe. Ich werde dir ein guter Freund sein, auf den du dich immer verlassen kannst, werde meine Liebe gut versteckt halten, um dich nicht in einen Konflikt zu stürzen. Auch wenn man mir mein Alter nicht ansieht und ich chronisch gesund bin: Es wäre eine lächerliche Illusion zu hoffen, eine Frau wie du könnte sich in mich verlieben. Du wirst einen alten Mann wie mich nicht lieben können, mir aber auch nicht wehtun wollen. Vielleicht würdest du irgendwann keinen anderen Ausweg aus diesem Konflikt finden, als dir eine neue Wohnung zu suchen. Das will ich auf keinen Fall. Deshalb werde ich dich heimlich lieben.

Als er nach Mitternacht aufstand und in die Küche ging, um sich ein Glas Milch mit Honig zuzubereiten, sah er, daß in ihrer Küche noch Licht brannte, und ein warmes Gefühl erfüllte ihn. Das ist doch völlig verrückt, dachte er, da warte ich mein ganzes Leben auf die wahre Liebe, und dann kommt sie zu spät. Eigentlich müßte ich traurig darüber sein, aber ich bin es nicht. Ich bin froh, ich fühle mich glücklich.

Plötzlich drang eine Erkenntnis in sein Bewußtsein wie ein Sonnenstrahl in einen dunklen Raum. Er wußte jetzt, warum alle Liebesgeschichten in seinem Leben mit einer

Trennung endeten. Sicher, mit der Zeit hatten sich immer wechselseitige Unverträglichkeiten offenbart, aber das war nicht der Hauptgrund. Seine Liebe war schlichtweg nie stark genug gewesen, um lange andauern zu können. Und weil sie nie stark genug gewesen war, brauchte er viel Liebe von seinen Geliebten, um seine eigene Liebe am Leben zu halten. Und die konnten sie ihm nicht mehr in ausreichendem Maß geben, nachdem der Zauber der Verliebtheit abgeklungen war.

Eine wahre Liebe, erkannte er mit ungetrübter Klarheit, gleicht einer Quelle, die keinen Zufluß braucht, um ihr Wasser dem Land zu schenken. Sie fließt und fließt, sie gibt und gibt, weil es ihr Wesen ist, zu fließen und zu geben. Schenken und Beschenktwerden vereinen sich in ihr.

Er konnte nicht sagen, warum er sich so sicher war, zumal er oft genug erlebt hatte, wie unzuverlässig Einsichten sein konnten. Aber diesmal empfand er eine Gewißheit, die mit nichts vergleichbar war, was er jemals empfunden und erkannt hatte. Es war, als wäre sein Herz aus einem lebenslangen Schlaf erwacht, um der Frau zu begegnen, von der es immer geträumt hatte. War es nicht eine unglaubliche Ironie des Schicksals, daß der Mensch, nach dem er jahrzehntelang auf der ganzen Welt gesucht hatte, zu ihm, zu seinem Haus gekommen war?

Der Mann lächelte. Ziemlich alt mußte ich werden, dachte er, um die Erfüllung einer Sehnsucht zu erleben, die ich längst als Illusion abgetan hatte. In den Jahren, die

noch vor mir liegen, werde ich jeden neuen Tag dankbar
genießen. Ich will der Frau, die das Schicksal mir doch
noch geschickt hat, meine Liebe schenken und sie als
väterliche Freundschaft tarnen. Natürlich wird sie meine
Zuneigung spüren. Vielleicht wird sie glauben, daß ich in
ihr die Tochter sehe, die ich nie hatte. Ich will die Land-
schaften ihrer Seele mit dem Quellwasser meiner Liebe
beschenken und zum Blühen bringen. Ich habe den Sinn
meines Lebens gefunden. Sehr spät, aber nicht zu spät.
Und sollte sie eines Tages ausziehen, werde ich sie wei-
terlieben, aus der Ferne. Meine Liebe wird bei ihr bleiben,
und wenn sie nach Neuseeland auswandert.

Wenn er ganz ehrlich zu sich selbst war, hatte er all das
schon gewußt, als sie vor seiner Haustür stand und er ihr
zum ersten Mal in die Augen sah. Da war etwas mit ihm
geschehen, da war es um ihn geschehen, auch wenn er es
noch nicht wahrhaben wollte. Weil es einfach so unglaub-
lich war, was seine innere Stimme ihm sagte: Das ist sie!

Gegensätze miteinander vereinbaren

„Wenn ich vor die Wahl gestellt werde, mich für die Freiheit oder die Liebe zu entscheiden: Was soll ich tun?" fragte ein junger Mann seine Großmutter, die er für die klügste unter seinen Verwandten hielt.

„Das wählen, was dir wichtiger ist."

„Beides ist mir gleich wichtig."

„Dann mußt du beides zugleich wählen."

„Und wenn es sich nicht miteinander vereinbaren läßt?"

„Dann mußt du lernen, es miteinander zu vereinbaren."

„Aber Feuer brennt nun mal nicht auf dem Wasser."

„Wenn Öl auf der Wasseroberfläche schwimmt, dann brennt Feuer auch auf dem Wasser."

„Das ist mir zu bildhaft."

„Du hast dieses Bild ins Gespräch gebracht, nicht ich."

„Gut, gut. Aber – was willst du mir damit sagen?"

„Daß nichts unmöglich ist. Daß sich sogar die größten Gegensätze miteinander vereinbaren lassen, wenn man es wirklich will und es richtig macht."

Die Hilfe des Medizinmanns

Ein Indianer wandte sich an den Medizinmann seines Stammes: „Meine Frau und ich langweilen uns miteinander. Oft streiten wir uns wegen Kleinigkeiten. Wir umarmen uns nicht mehr. Das Feuer unserer Liebe scheint erloschen zu sein. Kannst du uns helfen?"

„Ja, ich glaube, das kann ich", versprach der Medizinmann und reichte dem Hilfesuchenden einen Lederbeutel mit getrockneten Pflanzen. „Füllt heute bei Sonnenuntergang den Boden einer Schale mit diesen Pflanzen, gießt heißes Wasser darüber, siebt nach einer Weile die Pflanzenteile aus und trinkt jeweils eine Hälfte des Aufgusses!"

Der Indianer und seine Frau befolgten die Anweisungen des Medizinmanns und zogen sich dann in ihr Tipi zurück, um zu schlafen.

Doch anstatt in den Schlaf zu fallen, gerieten sie in einen beängstigenden Zustand, in dem ihnen kalt wurde und sie am ganzen Leib zu zittern begannen, obwohl es Hochsommer war. Auch nachdem sie sich mit allen verfügbaren Fellen bedeckt hatten, froren sie mehr, als sie in den strengsten Wintern gefroren hatten.

Weil die Kälte nicht länger zu ertragen war, umarmten sie sich, um sich gegenseitig zu wärmen. Nach einer Weile spürten sie, daß ihnen nicht nur die körperliche Wärme half, die sie sich gegenseitig gaben, sondern auch die Wärme, die sie in ihren Herzen füreinander spürten. Und ihnen wurde deutlich, daß sie sich diese Herzenswärme viel zu lange nicht mehr gegeben hatten, ohne sich dessen bewußt gewesen zu sein.

Je mehr sie die Wärme der Liebe des anderen in sich spürten, desto mehr ging die unheimliche Kälte zurück und wich schließlich einem behaglichen Gefühl der Nähe und Geborgenheit. In inniger Umarmung schliefen sie schließlich ein.

„Der Geist der Pflanzen, die du uns gegeben hast, hat uns die Augen geöffnet", sagten der Indianer und seine Frau am nächsten Morgen zu dem Medizinmann. „Er hat uns gezeigt, wie blind wir gewesen sind, nicht mehr dankbar dafür zu sein, einander zu lieben. Wir fragen uns nur, wie uns das geschehen konnte."

„Die Liebe ist ein Feuer, das erlischt, wenn man nicht immer aufs neue Holz nachlegt", sagte der Medizinmann.

In Dankbarkeit und mit Hochachtung verneigten sie sich vor ihm.

Was Liebe ist

„Kannst du mir erklären, was Liebe ist?" fragte ein Besucher den Meister.

Der Meister schüttelte den Kopf. „Sie ist unbeschreiblich."

„Und doch reden alle von ihr."

„Ja, aber von ihr zu reden ist wie der Versuch, den Mond mit dem Finger zu berühren, indem man ihn ausstreckt. Man kann mit Worten nur in die Richtung der Liebe zeigen, aber niemals ihr Wesen erfassen."

„Würdest du für mich deinen Zeigefinger ausstrecken?"

Der Meister spürte, daß eine tiefe Sehnsucht hinter dieser Bitte stand. „Die Liebe ist die größte Kraft, die höchste Macht, die zauberhafteste Schönheit und tiefste Weisheit. Ich könnte sie Gott nennen, doch das Wort Gott wurde schon zu oft mißbraucht. Liebe ist eine wunderbare, eigenwillige Kraft außerhalb unserer Kontrolle. Doch wir können sie in unser Leben locken, in unser Herz, in unsere Seele, indem wir uns ihr öffnen. Aber sie muß uns als würdig empfinden, zu uns zu kommen. Deshalb müssen wir so leben, daß wir uns der Liebe als würdig erweisen."

„Wie kann uns das am besten gelingen?" fragte der Besucher.

„Indem wir jeden Menschen, den wir lieben könnten, auch zu lieben versuchen. Doch der Wille allein genügt nicht, selbst wenn er von beiden Seiten kommt. Es muß etwas Drittes dazukommen, ein besonderer Zauber, der die Liebe überzeugt. Manchmal kommt sie dann gleich persönlich. Doch wenn sie sich ihrer Sache nicht ganz sicher ist, schickt sie ihre kleine Schwester Verliebtheit vor, um die Lage zu erkunden. Denn die Liebe ist zwar gütig und weise, aber nicht unfehlbar. Die Verliebtheit ist faszinierend, aber launisch, und längst nicht so vertrauenswürdig wie die Liebe. Die Liebe ist reif und verantwortungsbewußt, die Verliebtheit ist es nicht. Sie gleicht einer jungen Frau, die ihre Reize kennt und sie einsetzt, doch ihr Gewissen ist nicht besonders gut entwickelt. Wenn die Verliebtheit ihre Magie aufgebraucht hat, stirbt sie wie eine verwelkende Blume. Manchmal kommt dann die Liebe, um ihren Platz einzunehmen, manchmal auch nicht. Und das ist traurig, weil es immer traurig ist, wenn eine mögliche Liebe nicht zu einer wirklichen wird. Es gibt kein höheres Ziel im Leben, als sich der Liebe als würdig zu erweisen, sie zu erleben und tief in sich aufzunehmen. Etwas Höheres kann niemand in seinem Leben erreichen."

„Wenn die Liebe zu uns gekommen ist, kann sie dann nicht, ebenso wie die Verliebtheit, auch wieder von uns gehen?"

„Natürlich kann sie das. Und oft tut sie es auch. Aber wenn du sie wirklich tief in deine Seele eingelassen hast, geht sie nie ganz. Sie läßt etwas von sich in dir zurück. Etwas, das deine Seele schöner und besser gemacht hat."

„Ich danke dir für deine Erklärungen", sagte der Besucher. „Wenn du über die Liebe sprichst, habe ich das Gefühl, daß die Liebe durch dich spricht. Ich höre nicht nur deine Worte, ich fühle sie auch."

„Es ist gut, daß du meine Worte fühlst. Aber wenn du die Liebe fühlst", sagte der Meister, „dann vergiß alles, was ich über sie gesagt habe! Entdecke sie wie ein Land, in dem noch kein Mensch vor dir war. Was wir über die Liebe zu wissen glauben, kann uns dabei behindern, sie in ihrer ganzen Fülle, Magie und Pracht zu erleben. Wie gesagt, es ist unmöglich, ihre Schönheit sprachlich darzustellen. Denn kein Wort ist so grün wie das Gras, keins duftet so berauschend wie der Flieder, keins ist so zart und weich wie die Blütenblätter der Rose, keins so zauberhaft wie die Magie der Liebe."

Trost & Trauer

EIN GUTER TAG

Der Mann geht im Wald spazieren, wie fast jeden Tag. Er spürt das stille, sanfte Leben der Bäume, das ihn immer wieder erfrischt und kräftigt, atmet es tief in seine Seele ein. Er bewundert ihre Schönheit, wenn sie blühen, wenn sie Blätter tragen und wenn sie kahl sind. Er bewundert ihr sanftes Wesen, ihre ästhetische Gestalt, ihre friedliche Gelassenheit.

Er sieht eine Eiche, die gefallen ist. Vielleicht wegen einer Krankheit, vielleicht aus Altersschwäche. Ein trauriger Anblick. Der Mann bückt sich und legt seine Hand behutsam auf die Rinde. Er spürt kein Leben darin, seufzt und setzt sich auf den Stamm.

Plötzlich laufen Tränen über seine Wangen. Er läßt sich in seine Traurigkeit fallen, wie er es immer tut, wenn sie ihn befällt. Es ist falsch, gegen sie zu kämpfen, sie versucht nur, das Herz zu erleichtern.

Doch was liegt ihm auf dem Herzen? Ist es das ewige Gewicht des Leidens an der Beschaffenheit der Welt, auf der Tag für Tag soviel Unheil geschieht, so viele Tragödien und Dramen, soviel Mord und Totschlag? Oder trauert er nur über den Tod des Baumes, über die Vergänglichkeit des Lebens, über seine eigene?

Er weiß es nicht. Er befindet sich im Herbst seines Lebens, vielleicht auch schon im Winter. Angst vor dem Tod hat er nicht, denn der Tod ist nicht das Ende, sondern nur eine Schwelle. Vielleicht auch eine Hürde oder Mauer, über die er springen oder klettern muß. Kein Ende für immer, nur ein Übergang. Er wehrt sich nicht gegen die Tränen, die über sein Gesicht laufen. Das Weinen ist nur die andere Seite des Lachens, und der Mann lacht gern. Vielleicht muß er von Zeit zu Zeit weinen, um das Lachen nicht zu verlieren.

Er weiß es nicht, und jetzt fragt er auch nicht weiter. Auf manche Fragen gibt es keine guten Antworten, und keine Antwort ist besser als eine schlechte. Tränen reinigen den Blick, das wäre keine schlechte Antwort.

Vielleicht weine ich über all die Sorgen und Probleme, die die Menschen haben und sich gegenseitig machen, denkt er. Über all die sinnlosen Kämpfe und Kriege, die sie führen, weil sie sich nicht in die Lage der anderen versetzen möchten oder können, weil sie unbedingt gewinnen oder Recht behalten wollen.

Nein, ich weine darüber, daß die einzige Frau, die ich mit ganzem Herzen und aus tiefster Seele geliebt habe und immer lieben werde, nicht bei meiner Rückkehr vor dem Haus stehen und zu mir sagen wird: „Ich bin nicht gestorben, ich habe nur einen langen Spaziergang gemacht." Und doch ist es gut, daß ich das Leid der inneren Einsamkeit tragen darf, denn wenn ich vor ihr gegangen wäre, müßte sie es tragen. Daß sie dies nicht muß, ist mein stärkster Trost.

Der Mann sitzt noch auf dem Baumstamm, als längst alle Tränen geflossen sind. Erst als die Sonne untergeht und er zu frieren beginnt, steht er auf und macht sich auf den Weg nach Hause.

Ein heimlicher Beobachter hätte in ihm wohl einen alten, traurigen Mann gesehen, der nichts Besseres mehr mit seinem Leben anzufangen weiß, als lange fast bewegungslos auf einem Baumstamm im Wald zu sitzen. Doch auf seinem Rückweg nach Hause spürt der Mann, daß er einen guten Tag erlebt hat, an den er sich gern erinnern wird.

DREI LEBEN

Eben noch hatten die beiden alten Freunde sich über ein Buch unterhalten, das sie vor Jahren gelesen hatten. Nun sprach der ältere unvermittelt über seine Frau, was er seit ihrem Tod nur selten getan hatte.

„Sie hatte ein mitfühlendes Herz, einen klaren Verstand, eine tiefe Seele und eine Liebeswelt, in der es nie kalt und finster wurde. Ich hatte vor der Begegnung mit ihr einige interessante und auch wertvolle Frauen näher kennengelernt, doch niemanden, der so wunderbar war wie sie. Niemanden, der meinem Bild eines Engels auf Erden so nahe gekommen ist wie sie. Niemanden, der innerlich so reich war, es aber gar nicht wahrnahm und für einen in jeder Hinsicht so schönen Menschen unerklärlich bescheiden war."

Seine Augen bekamen einen Ausdruck von Wärme und Zärtlichkeit.

„Sie spürte alles, was in ihrer Umgebung geschah. Sie sah mir an, was ich fühlte und dachte. Ihr Egoismus war so klein, wie ihre Schönheit groß war. Das Glück, sie zu lieben und von ihr geliebt zu werden, war weit mehr, als ich verdient hatte. Sie war von uns beiden der bessere Mensch. Viele ihrer

Eigenschaften wie ihre Hilfsbereitschaft, ihre Geduld, ihre Friedfertigkeit und Sanftheit haben mit den Jahren auf mich abgefärbt und mich zu einem besseren Mann gemacht. Sie hatte große Achtung vor allem Leben. Ich kann die Spinnen und Fliegen und Käfer nicht zählen, die sich ins Haus verirrt hatten und von ihr mit einem Glas und einem Stück Pappe eingefangen und wieder ins Freie befördert wurden. Einmal war sie untröstlich darüber, daß bei einer ihrer Insektenrettungen eine Fliege sich ein Bein ausgerissen hatte, das zwischen Glasrand und Pappe festgeklemmt gewesen war."

Sein Blick streifte im Garten umher, als würde er etwas suchen, ein kaum merkliches Lächeln lag auf seinen Lippen.

„Manchmal erschien es mir, als hätte sie sich auf diese Welt verirrt, als würde sie mit ihrer großen Empathie und Verletzlichkeit gar nicht hierhin gehören und jemanden brauchen, der sie schützte vor den eiskalten Winden, die hier wehen, und den Menschen, deren Herzen die Temperatur dieser Winde angenommen oder auch erzeugt haben. So gut ich eben konnte, habe ich sie geschützt, aber immer darauf geachtet, dabei ihre Freiheit nicht einzuschränken. Denn alles, was sie tat, war gut, war schön, hatte Sinn, berührte mein Herz und meine Seele. Sie hat mir von Anfang an rückhaltlos vertraut, und daran hat sich mit den Jahren und Jahrzehnten nichts geändert. Ohne sie zu leben, ist eigentlich unmöglich. Ich weiß im Grunde nicht, wie es mir gelingt."

Er schaute eine Weile in den Himmel.

„Ihren Tod habe ich fast nicht überlebt. Ich war unendlich tief verzweifelt, wollte ihr folgen, hatte auf dieser Welt nichts mehr zu suchen. Doch dann sagte eine leise Stimme in mir, daß ich nicht verzweifelt darüber sein sollte, sie so schmerzlich vermissen zu müssen, sondern glücklich und dankbar dafür, mehr als drei Jahrzehnte mit ihr vereint gewesen zu sein. Glücklich und dankbar dafür, daß das Leben uns soviel Zeit geschenkt hatte, unsere Liebe zu entfalten, sie zur Blüte zu bringen und wachsen zu lassen – in eine Höhe, die ich nie für möglich gehalten hätte. Ich habe eigentlich drei Leben. Das vor ihr. Das mit ihr, das schönste. Und das nach ihr, das schwerste."

Wieder schwieg er. Sein Freund sagte nichts und wartete darauf, daß er weitersprach. Aber er stand abrupt auf, nickte ihm zum Abschied kurz zu und ging, denn er wollte ihm die Tränen nicht zeigen, die aus der Tiefe seines Herzens in seine Augen stiegen.

Das Vergehen der Zeit

Zwei Freunde, ein Ingenieur und ein Architekt, saßen bei einer guten Flasche Wein zusammen.

„Ist es nicht seltsam, daß die Zeit umso schneller zu vergehen scheint, je älter man wird, obwohl jeder Tag nach wie vor vierundzwanzig Stunden hat?" fragte der Ingenieur.

Der Architekt nickte zustimmend. „Ich habe das gleiche Empfinden. Und ich habe mich schon öfter gefragt, was der Grund dafür sein mag."

„Hast du eine Antwort gefunden?"

„Ja. Ich weiß zwar nicht, ob es die richtige Antwort ist, doch sie scheint mir plausibel zu sein. Stell dir das Leben als einen Berg vor, den man auf der Südseite besteigt, um auf der Nordseite wieder von ihm herabzusteigen. Wenn wir eine Lebenserwartung von achtzig Jahren zugrunde legen, gehen wir vierzig Jahre bergauf, erreichen den Gipfel – und gehen dann noch einmal vierzig Jahre bergab."

„Dann gehen wir beide seit zehn Jahren bergab", bemerkte der Ingenieur.

„So ist es. Und das ist der springende Punkt im Hinblick auf unser Zeitempfinden."

„Inwiefern?"

„Naturgemäß kommt man bei einem Aufstieg langsamer vorwärts als bei einem Abstieg. Deshalb scheint auch die Zeit in unserer ersten Lebenshälfte langsamer zu vergehen als in unserem zweiten Lebensabschnitt."

„Naja", sagte der Ingenieur. „Das ist ein sehr subjektiver Erklärungsversuch."

„So subjektiv wie unser Zeitempfinden", hielt ihm sein Freund entgegen. „Und noch etwas kommt hinzu: Der unverstellte Blick auf unser Ende."

„Wie meinst du das?

„Solange wir bergauf gehen, sehen wir nur den Gipfel des Berges. Aber wenn wir ihn erreicht haben, sehen wir auf einmal das Tal auf der anderen Bergseite. Und wir wissen, daß in diesem Tal der Tod auf uns wartet. Wir schauen bei unserem Abstieg ständig in dieses Tal, weil wir nicht rückwärts den Berg hinuntergehen können. Ich glaube, dieser permanente Blick auf unsere Endlichkeit nimmt uns viel von unserer Unbeschwertheit, unserer Unbekümmertheit, die in unseren jungen Jahren oft die Stunden und Tage als lang erscheinen ließ. Wer nicht an den Tod denkt, lebt in der Gegenwart – und wer in der Gegenwart lebt, dessen Zeit vergeht langsam. Weißt du noch, wie lang uns ein Tag vorkam, als wir noch Kinder waren und alles vergaßen, wenn wir spielten? Und jetzt denke ich abends manchmal: Wie schnell doch der Tag vergangen ist!"

„Glaubst du wirklich, daß die Gewißheit, dem Tod näherzukommen, unser Zeitgefühl beschleunigt?" fragte der Ingenieur. „Oder ist es nicht eher der Umstand, daß wir mit zunehmendem Alter immer tiefer in der Alltagsroutine versinken und nichts Neues, nichts Beglückendes mehr erleben, der uns die Zeit als langsam vergehend erscheinen läßt? Man sagt doch: Dem Glücklichen schlägt keine Stunde."

„Andererseits", hielt ihm der Architekt entgegen, „heißt es mit Recht, daß glückliche Stunden nur so dahinfliegen. Das ist ein irritierender Widerspruch. Aber wo liegt die Wahrheit?"

„Tja, wo liegt die Wahrheit?" wiederholte der Ingenieur. „Wahrscheinlich darin, daß vieles im Leben, darunter auch die Zeit, uns widersprüchlich erscheint, weil es zwei Seiten hat."

Besser als nichts

Eines Tages, ganz ohne Vorwarnung, bekam die Angst vor sich selbst Angst. Sie geriet gewissermaßen in eine Identitätskrise. Soll das wirklich der Sinn meines Lebens sein, immer so verkrampft und furchtsam durch das Leben zu gehen, hinter jeder Ecke Schreckliches vermutend, in jedem Menschen Böses erahnend, in jedem Augenblick mit einem Schlag des Schicksals rechnend?

Wann bin ich eigentlich zum letzten Mal entspannt und gelassen gewesen, fragte sie sich und korrigierte die Frage sogleich: Bin ich überhaupt jemals entspannt und gelassen gewesen, oder wurde ich bereits so verspannt, mißtrauisch und skeptisch geboren? Warum kann ich nicht lächeln, nicht lachen, mich nicht freuen und schon gar nicht mich auf etwas freuen, weil ich ja weiß, daß die Vorfreude nicht die schönste, sondern die tückischste Freude ist. Denn man kann nie wissen.

Die Angst seufzte und hätte sich jetzt am liebsten eine Zigarette angezündet, um sich zumindest die Illusion einer gewissen Gelassenheit zu vermitteln, aber die Furcht vor Lungenkrebs, die – wie zahllose andere Befürchtungen – tief in ihren Eingeweiden saß, hielt sie davon ab. Außerdem hatte sie eh keine Zigaretten dabei und hätte sich eine erschnorren müssen, was sie aus Angst vor Zurückweisung grundsätzlich nicht tat.

Ich muß mich ändern, dachte sie, das ist ein Hundeleben,

das ich führe, an jede Wand male ich zwanghaft den Teufel, in jedem Menschen sehe ich sofort einen Verräter, in jedem neuen Tag das Datum eines Unglücks. Warum bin ich so furchtbar negativ, so schrecklich verkorkst, wofür muß ich büßen? Weshalb darf ich nicht wenigstens ab und zu mal ein bißchen Spaß haben, ein paar Minuten Sorglosigkeit genießen? Ja, warum muß ich mir immer Sorgen machen und mit dem Schlimmsten rechnen?

Mein Magen tut mir wieder weh, bestimmt habe ich Magengeschwüre, ich sollte zum Arzt gehen, nein, besser nicht, er diagnostiziert bestimmt etwas noch Schlimmeres, Magenkrebs zum Beispiel, im fortgeschrittenen Stadium – nein, kein Arzt, ich muß das selbst in den Griff kriegen. Fragt sich nur, wie. Als Angst zu leben, ist anstrengend, so anstrengend, das macht krank, seelisch und körperlich. Und wo ist der Sinn des Ganzen?

Manchmal habe ich einfach keine Lust mehr. Wenn ich die Sorglosigkeit sehe, wie sie heiter durch die Gegend tänzelt, wird mir schlecht vor Neid. Wenn ich das Vertrauen sehe, wie es sich selig ins Leben fallenläßt, könnte ich schreien vor Wut darüber, daß ich dem Leben mißtraue. Und wenn ich die Liebe sehe, wie sie strahlt und leuchtet, verkrampft sich mein ohnehin verkrampftes Herz noch mehr, weil ich spüre, was mir alles entgeht.

Wenn ich nur wüßte, wohin mit meinem Elend! Ich kann einfach nicht aus meiner Haut, bin gefangen in mir selbst, ich habe keine andere Wahl, als mit mir zu leben.

Ich sollte positiv denken und mich so akzeptieren, wie ich nun mal bin. Aber das ist so schwer! Wenn ich mich doch wenigstens mal für ein paar Stunden ignorieren und in einen Rausch des Selbstvergessens sinken könnte! Aber wie? Vielleicht sollte ich mich mal so richtig betrinken! Aber ich traue mich nicht. Nachher komme ich noch auf den Geschmack und ende als Alkoholikerin. Oder sterbe an einer Alkoholvergiftung. Und sterben will ich auf keinen Fall, weil nach dem Tod alles ja noch schlimmer werden könnte. Ich muß mich mit mir abfinden, es gibt keinen Ausweg aus mir selbst. Ich bin mein eigener lebenslänglicher Gefangener.

Manchmal sehe ich in den Himmel und träume von der Freiheit. Ich muß mir diese Träume abgewöhnen, sie machen mir das Leben noch schwerer, als es ohnehin schon ist. Eine gute Gefängniszelle zeichnet sich dadurch aus, daß sie kein Fenster hat, durch das man den Himmel sehen kann. Ich werde dieses Fenster zumauern, damit ich in völliger Dunkelheit leben kann. Vielleicht wird es dann etwas leichter, dieses Leben, das eine so große Last ist. Aber es ist mein Leben. Und das ist besser als nichts.

GERADE DESHALB

Zwei nebeneinander stehende, fast abgebrannte Kerzenstummel kamen ins Gespräch.

„Es geht zu Ende mit uns", sagte der eine zum anderen. „Vielleicht haben wir noch zwanzig Minuten, vielleicht auch nur noch zehn. Hast du auch Angst vor dem Erlöschen?"

„Nein. Warum sollte ich Angst vor dem Unvermeidlichen haben? Es würde alles nur schlimmer machen."

„Du gibst also zu, daß es schlimm ist!"

„Ja, schon. Aber ich will mein Dasein noch genießen, solange es möglich ist. Die Angst vor dem Ende würde mir den Genuß verderben."

„Wie kannst du etwas genießen, das jeden Moment vergehen kann?"

„Gerade deshalb genieße ich es um so mehr."

Ein hilfreicher Gedanke

Ein Mann, der im Sterben lag, dachte an sein langes und doch so kurzes Leben zurück.

Er bedauerte alles, was gescheitert war, und empfand Dankbarkeit für alles, was gelungen war. Er erkannte, daß sein Leben eine Mischung aus Gelingen und Scheitern gewesen war, aus Glück und Unglück, Fülle und Mangel.

Sicher, es hätte besser sein können, aber er wollte nicht mit unzufriedenen Gedanken sterben. Also sagte er sich, sein Leben sei so gut gewesen, wie er es – aus welchen Gründen auch immer – verdient hatte.

Dieser Gedanke verlieh ihm die Kraft, dem Tod mit Gelassenheit gegenüberzutreten.

DIE ROSE

Eine Frau klagte ihrer besten Freundin, daß sie schon seit langem nichts Besonderes mehr erlebt habe. „Mein Leben plätschert so dahin, alles ist Routine, nichts Aufregendes, Neues, Unverhofftes geschieht mehr. Die Tage und Wochen vergehen so schnell, und ich erlebe nichts, was mich im Innersten berührt!"

Ihre Freundin schwieg eine Weile und sagte schließlich: „Oft kommt es nicht so sehr darauf an, was du erlebst, sondern wie du es erlebst. Manchmal versteckt sich das Große im Kleinen, das Wunderbare im Alltäglichen, das Reizvolle im scheinbar Unscheinbaren. Du mußt es nur entdecken."

„Gib mir ein Beispiel!"

„Als ich auf deine Haustür zuging, habe ich in deinem Vorgarten eine wunderschöne Rose entdeckt, die nur darauf wartet, daß du sie wahrnimmst und bewunderst. Daß du ihren Duft einatmest, mit deiner Nase in ihre Blütenblätter eintauchst und dich über ihre unendlich zarte Weichheit freust. Ich sag dir, ihr Duft kann einen Atheisten dazu bringen, an Gott zu glauben! Schon nächste Woche wird sie nicht mehr so himmlisch duften. Und übernächste Woche wird sie verwelkt sein."

„Es gibt viele Rosen im Vorgarten. Welche meinst du?"

„Ja, es gibt Dutzende. Aber wenn du mit offenen Augen hinschaust, wirst du sehr schnell entdecken, daß eine von ihnen etwas ganz Besonderes ist. Wenn du aufmerksam auf allen deinen Wegen durch den Tag gehst, wirst du vieles bemerken, das so besonders ist wie diese Rose. Vieles, das dein Leben reicher und schöner machen kann. Das Wunderbare liegt im Auge des Entdeckers."

Nachdem ihre Freundin sich verabschiedet hatte, ging die Frau in ihren Vorgarten und entdeckte die Rose auf den ersten Blick. Ihre außergewöhnliche Schönheit berührte ihr Herz. In diesem Moment war es ihr, als fiele ein Schleier, der ihre Wahrnehmung lange getrübt hatte, von ihr ab.

Voller Freude und mit klopfendem Herzen bückte sie sich zu der wunderschönen dunkelroten Blume und tauchte ihre Nase in die seidenweiche Blütenpracht. Wie himmlisch sie duftete! Wie traumhaft schön sie aussah! Was für ein Wunder sie war! Unwillkürlich gab sie der Rose einen Kuß. Und hatte dabei das aufregende Gefühl, daß die Blume ihren Kuß wahrnahm – und ihn erwiderte.

Seit langer Zeit lächelte die Frau wieder aus ganzem Herzen.

Von diesem Augenblick an veränderte sich ihr Leben.

VIELES BRAUCHT SEIN GEGENTEIL

Ein junges Mädchen fragte ihren Vater: „Warum gibt es die Traurigkeit?"

„Warum gibt es den Regen?" fragte er zurück.

Seine Tochter überlegte eine Weile und sagte: „Damit die Pflanzen und Bäume genug Wasser bekommen. Aber was hat das mit der Traurigkeit zu tun?"

„Die Traurigkeit gibt es, damit die Pflanzen und die Bäume der Heiterkeit genug Wasser bekommen", war die Erwiderung.

Das Mädchen dachte wieder eine Weile nach, aber die Antwort ihres Vaters blieb ihr rätselhaft. „Wieso können wir nicht immer heiter sein? Warum brauchen die Bäume und Pflanzen der Heiterkeit das Wasser der Traurigkeit?"

„Weil vieles auf der Welt nicht ohne sein Gegenteil leben kann: der Tag nicht ohne die Nacht, die Wärme nicht ohne die Kälte, das Schöne nicht ohne das Häßliche."

Ein drittes Mal dachte das Mädchen eine Weile nach, und diesmal verstand sie, was ihr Vater ihr sagen wollte.

Weisheit & Inspiration

Gegenseitige Unabhängigkeit

W ie bist du zu der geworden, die du bist?" fragte die Schwere die Leichtigkeit.

„Durch meine Sehnsucht, fliegen zu können."

Die Schwere dachte eine Weile über diese Antwort nach. „Es genügt also, sich danach zu sehnen, so zu sein, wie man sein möchte, um es zu werden?"

„Das weiß ich nicht. Bei mir hat es jedenfalls genügt. Vielleicht, weil meine Sehnsucht sehr stark war."

„Was ist denn so erstrebenswert am Fliegen?"

„Das Gefühl der Schwerelosigkeit, ohne das ich nicht mehr leben könnte."

„Ich kann das ganz prima", sagte die Schwere. „Ich bleibe am liebsten mit beiden Füßen auf dem Boden. Sicher ist sicher. Du hingegen könntest abstürzen, wenn du in der Luft bist. Und je höher du fliegst, desto tiefer kannst du fallen."

„Ja, dieses Risiko besteht, aber ich nehme es in Kauf."

„Mutig bist du ja, das muß ich dir lassen. Aber vertrauen würde ich dir nicht."

„Warum nicht?"

„Weil kein Verlaß auf dich ist. Wenn es dir irgendwo nicht mehr gefällt, fliegst du einfach davon."

„Und was machst du in einer solchen Situation?"

„Ich bleibe", antwortete die Schwere, „und versuche, die Lage so zu verändern, daß sie mir gefällt."

„Gelingt dir das immer?"

„Mal mehr, mal weniger. Und manchmal leider gar nicht."

„Was machst du, wenn es dir nicht gelingt?"

„Ich sage mir, daß mir nicht alles in meinem Leben gefallen kann, und finde mich damit ab."

„Und wenn dir dein ganzes Leben nicht mehr gefällt und du das nicht ändern kannst, was machst du dann?"

„Ich halte es aus. Ich halte stand, wie ein Fels der Brandung standhält."

„Ich weiß nicht, ob ich dich dafür bewundern oder bemitleiden soll", bekannte die Leichtigkeit.

„Ich brauche weder deine Bewunderung noch dein Mitleid", erwiderte die Schwere.

„Und ich brauche dein Vertrauen nicht. Ist es nicht schön, wie unabhängig wir voneinander sind?" sagte die Leichtigkeit und flog davon.

Die Schwere sah ihr mit einer Sehnsucht hinterher, die sie in der Regel erfolgreich vor sich selbst verstecken konnte, was ihr aber diesmal nicht gelang.

Mit einem Seufzer stand sie von der Bank unter der Hängebirke auf, wo sie mit der Leichtigkeit gesessen hatte, und spürte den festen Boden unter ihren Fußsohlen, der ihr immer ein gutes Gefühl der Sicherheit gab. Zu ihrer unangenehmen Überraschung konnte sie heute keinen Trost und keine Freude daraus gewinnen.

Zum ersten Mal fragte sie sich, ob es richtig gewesen war, sich für die Sicherheit zu entscheiden, als sie noch die Wahl hatte.

Auf der Wanderschaft

Ich weiß nicht mehr, was für mich gut ist", klagte ein junger Mann unvermittelt einer älteren Frau, die er bei einer Wanderschaft auf einem Pilgerweg kennengelernt hatte, während sie sich von den Mühen eines steilen Anstiegs erholten. „Ich habe meine besten Freunde um Rat gebeten, doch jeder hat mir etwas anderes empfohlen. Ich habe den Kontakt zu mir selbst verloren. Irgendwie bin ich von meinem Weg abgekommen. Vielleicht, weil eine langjährige Beziehung in die Brüche ging, weil ich das schwierigste Jahr meines Lebens hinter mir habe, weil mehr Problematisches auf mich eingeströmt ist, als ich verkraften konnte. Ich war ein paarmal bei einer Psychologin, aber ich empfand sie nicht als besonders hilfreich. Du wirkst auf mich, als hättest du schon viel erlebt und erkannt. Kannst du mir vielleicht einen Rat geben?"

Die Frau sah dem jungen Mann eine Weile schweigend in die Augen und spürte seine Verwirrung. „Ich glaube, am besten kannst du dir selbst helfen. Du und die Zeit. Du mußt Geduld mit dir haben. Du bist von deinem Weg abgekommen und wirst eine Weile brauchen, bis du den Ort

in dir findest, wo dein innerer Ratgeber auf dich wartet. An diesem Ort herrscht eine wunderbare Stille, und du wirst die Worte deines Ratgebers verstehen. Im Lärm deiner Verzweiflung kannst du seine leise Stimme nicht hören."

„Und wie soll ich wissen, wo mein innerer Ratgeber auf mich wartet?"

„Das wirst du schon herausfinden. Es gibt viele Wege zu ihm. Manchen helfen lange Wanderungen. Andere fahren ans Meer, setzen sich stundenlang an den Strand und lassen sich von dem Geräusch der Brandung zu sich selbst zurückführen. Andere lesen ein gutes Buch oder vertiefen sich in schöne Musik. Als ich in deinem Alter war, habe ich meine Methode entdeckt, wenn ich mich von mir selbst entfremdet hatte."

„Magst du sie mir verraten?"

„Gern. Ich habe das Schlafzimmer verdunkelt und mich auf das Bett gelegt. Habe nichts getan, als auf dem Bett zu liegen, und bin nur aufgestanden, wenn es sich nicht vermeiden ließ. So wurde es nach und nach in mir immer stiller. Und schließlich habe ich die Stimme meines inneren Ratgebers hören können. Mir hat diese Methode geholfen, anderen würde sie vielleicht nicht helfen. Jeder muß seine eigene finden. Manchen hilft die Erinnerung an intensive Situationen oder Stationen ihres Lebensweges, an wegweisende Einsichten oder Gefühle."

„Danke für deinen Rat! Ich werde herausfinden, was meine Methode ist."

„Das solltest du unbedingt tun. Denn solange du nicht mehr weißt, was dein Weg ist, werden andere versuchen, es dir zu sagen. Und verlaß dich darauf: Niemand kann es so gut wie du wissen, denn niemand lebt in deiner Haut und in deiner Seele. Dein bester Ratgeber, Heiler, Philosoph und Lebenskünstler bist du selbst. Alle Möglichkeiten dazu liegen in dir. Du mußt sie nur finden und entfalten."

Der junge Mann ließ die Worte seiner Wegbegleiterin auf sich wirken und spürte, daß sie ihm eine Tür zu zeigen versuchten, durch die er entschlossen war zu gehen. Er stand auf. „Wandern wir weiter?"

„Geh du schon vor! Ich brauche noch etwas Zeit, um mich zu erholen. Und du wirst etwas Zeit brauchen, bis meine Worte deine Seele eingeholt haben."

Bei sich selbst anfangen

Ein nachdenklich veranlagter Schuljunge sagte zu seinem Onkel, von dem er eine hohe Meinung hatte: „Viele Leute sind stolz darauf, ein Mensch zu sein. Ich bin es nicht unbedingt."

„Warum nicht?"

„Weil so viele Menschen sich gegenseitig belügen, betrügen, verletzen und töten. Weil sie immer noch Kriege führen, obwohl sie doch aus Erfahrung wissen, was sie damit einander antun. Manchmal wünsche ich mir, ein Tier zu sein. Ein Hund. Eine Katze. Oder ein Vogel, dann könnte ich fliegen."

Sein Onkel lächelte. „Fliegen wäre bestimmt eine feine Sache. Aber nicht jeder Vogel ist anständig. Denk nur an den Kuckuck. Er legt seine Eier in die Nester anderer Vögel, damit diese seinen Nachwuchs ausbrüten und großziehen. Er betrügt andere Vögel. Und wenn seine Jungen schlüpfen, stoßen sie die anderen Küken aus dem Nest, um die ganze Nahrung zu bekommen."

Der Junge wußte nicht, was er darauf sagen sollte.

„Wünsch dir lieber, ein Baum zu sein", empfahl ihm sein Onkel. „Bäume belügen und betrügen einander nicht. Aber da du nun mal ein Mensch bist, solltest du nicht deine Zeit und Kraft damit verschwenden, deine Artgenossen zu verurteilen. Bemühe dich lieber, deine eigenen Fehler zu reduzieren. Oder hast du noch nie einen Menschen belogen?"

Nebel um Herz und Seele

Ich habe meinen spirituellen Lehrer verlassen", sagte eine junge Frau zu dem Meister. „Ich hatte gehofft, er würde mir helfen, mich selbst zu finden. Ich bin mir sicher, daß meine Entscheidung richtig war, ihn aufzugeben. Trotzdem fühle ich mich verwirrt und in schwer zu beschreibender Not. Eine Freundin riet mir, dich um Hilfe zu bitten."

„Warum hast du ihn verlassen?"

„Ich habe mich jahrelang von seinem Charisma angezogen gefühlt, doch mit der Zeit wuchsen meine Zweifel an ihm. Er hat mir immer aufs neue absurde Fragen gestellt und mir aufgetragen, Antworten auf sie zu finden. Doch es waren Fragen, auf die es keine Antworten gibt. Fragen wie: Was ist das Ende aller endlosen Anfänge? Wie klingt das Klatschen einer Hand? Solche Fragen sind nicht zu beantworten. Das habe ich ihm auch gesagt, mehr als einmal. Er aber hat immer aufs neue darauf gedrungen, daß ich mir mehr Mühe geben soll. Doch trotz aller Mühe fand ich keine Antworten. Erst war ich enttäuscht von ihm, dann wurde ich wütend auf ihn, und schließlich verließ ich ihn mit dem schrecklichen Gefühl, wertvolle Lebenszeit mit ihm vergeudet zu haben. Später erfuhr ich, daß er allen seinen Schülern nicht zu beantwortende Fragen stellt, um ihren Verstand zur Aufgabe zu zwingen. Denn erst, wenn der Verstand aufgibt, wird seiner Meinung nach der Platz in uns frei für ein tieferes Erkennen. Doch mein Verstand wollte nicht aufgeben. Die Fragen haben mich verrückt gemacht und mir den Seelenfrieden und den Schlaf geraubt. Also habe ich ihn verlassen."

„Er hat eine alte japanische Methode angewandt", sagte der Meister. „Sie stammt aus dem Zen-Buddhismus. Für manche Suchenden kann sie hilfreich sein. Für dich war sie nicht die richtige."

„Was ist deine Methode?"

„Ich habe keine."

„Kann man denn Menschen helfen, sich selbst zu finden, ohne eine Methode zu haben?"

Der Meister nickte.

„Dann hilf mir! Bitte!"

„Ich kann es versuchen."

„Und wie?"

„So, wie ich allen Menschen zu helfen versuche, die mich darum bitten: indem ich ihnen so tief wie möglich in ihr Herz und in ihre Seele schaue. Bei jedem sehe ich Träume, Wünsche, Sehnsüchte, Hoffnungen, Verluste. Erfahrungen des Gelingens und des Scheiterns. Und ich sehe bei jedem einen Weg, der sich aus allen seinen Erfahrungen und Erlebnissen gebildet hat, und den er im Grunde nur gehen muß. Manchmal verliert er diesen Weg und verirrt sich im Dschungel des Lebens. Alles, was ich dann tue, ist, ihm den Rückweg zu sich selbst so gut wie möglich zu beschreiben. In der Hoffnung, daß er meine Beschreibung versteht."

„Kannst du mich an die Hand nehmen und zu meinem Weg zurückführen?"

„Nein, ich kann dich nur dazu anregen, ihn zu suchen. Finden mußt du ihn aus eigener Kraft. Ich kann nur unterstützen, raten, inspirieren. Beim Entscheidenden ist jeder allein: den eigenen Weg als solchen zu erkennen und ihn zu gehen und alle Hindernisse zu überwinden, die sich dabei entgegenstellen."

„Kannst du mir wenigstens in groben Zügen beschreiben, wie ich meinen eigenen Weg finde?"

„Noch nicht."

„Warum?" fragte die junge Frau.

„Wenn ich in dein Herz und deine Seele schaue, sehe ich nur den dichten Nebel der Enttäuschung und Wut über die Jahre, die du mit deinem ehemaligen Lehrer verbracht hast, ohne einen Schritt voranzukommen, was du ihm verübelst. Du mußt ihm erst verzeihen, denn er hat nur auf seine Art versucht, dir zu helfen. Und du mußt dir verzeihen, daß du nicht eher erkannt hast, daß er nicht der richtige Lehrer für dich war. Erst wenn du frei von Enttäuschung und Zorn geworden bist, kann ich in dich hineinsehen. Jetzt kann ich dir nur raten: Befreie dich von dem Gefühl, deine letzten Jahre vergeudet zu haben! Umwege sind oft ein Teil des Weges. Wenn du dich befreit hast und bereit bist, ohne Groll auf die Vergangenheit in die Zukunft zu gehen, komme wieder zu mir. Dann kann ich in dein Herz und deine Seele sehen."

„Kannst du mir nicht doch schon jetzt helfen? Ich bin so ungeduldig, so verzweifelt!"

„Ich würde es gern, aber der Nebel um dein Herz und deine Seele ist zu dicht. Du mußt dir und mir Zeit geben. Menschen machen Fehler, bleiben oft zu lange in Abhängigkeiten, aus denen sie sich eher hätten lösen sollen. Doch das Bedauern von Dingen, die nun einmal geschehen sind, hilft uns nicht weiter. Laß die Vergangenheit los und laß dich auf die Gegenwart ein. So wird der Nebel in dir sich nach und nach lichten. Dann werde ich für dich – und du wirst für mich bereit sein."

DAS VERGESSENE VERSPRECHEN

Ein Schmetterling sagte zu einer Raupe: „Ich war einmal so wie du."

„Das glaube ich nicht", erwiderte die Raupe.

„Und du wirst einmal so sein wie ich", behauptete der Schmetterling.

„Das wäre schön, aber ich kann es mir überhaupt nicht vorstellen", entgegnete die Raupe.

„Und doch wird es so sein", stellte der Schmetterling fest. „Und wenn es soweit ist, erinnere dich an meine Worte!"

„Das werde ich tun", versprach die Raupe.

Doch als sie ein Schmetterling geworden war, hatte sie ihr Versprechen vergessen. Mehr noch, sie konnte sich nicht mehr daran erinnern, daß sie einmal eine Raupe gewesen war.

Und als sie eine Raupe sah, dachte sie: Was für ein armseliges Geschöpf! Kriecht stumpfsinnig herum und kann sich bestimmt nicht vorstellen, was für ein wunderbares Gefühl es ist, durch die Lüfte zu flattern! Lieber würde ich sterben, als ein so elendes Leben zu führen!

Die beste Hilfe

„Was ist das Beste, das du einem Menschen geben kannst, der dich um Hilfe bittet?" fragte ein älterer Mann den Meister.

„Ihm den Weg dorthin zu weisen, wo er meine Hilfe nicht mehr benötigt. Also mich für ihn entbehrlich zu machen."

„Ich will dich aber nicht entbehren", sagte der Mann. „Ich freue mich jedesmal aufs neue, wenn ich dich besuchen kann."

„Es wird dir nichts mehr ausmachen, mich zu entbehren, wenn du soweit bist. Was du in mir suchst und findest, solltest du eigentlich in dir suchen und finden. Dazu brauchst du nur noch ein wenig Zeit. Mit jedem Wort, das ich dir sage, werde ich mich mehr und mehr für dich entbehrlich machen und dich zu deinem inneren Meister leiten. Wenn du ihn gefunden hast, wirst du mich nicht mehr brauchen. Wenn du mich dann besuchst, wirst du nicht mehr als Hilfesuchender, sondern als Freund kommen."

DER ARME REICHE

Ein Mann, der durch einen Schicksalsschlag bettelarm
geworden war, bekam Besuch von einem Freund, der
ihm helfen wollte.

„Ich habe einen reichen Bekannten, der dir bestimmt
Geld leihen wird, damit du erstmal aus der gröbsten Not
herauskommst. Er schuldet mir noch einen Gefallen. Laß
uns zu ihm gehen!"

Als die Freunde die prächtige Villa des Reichen betraten, wo sie von der Haushälterin empfangen wurden, überfiel den Geschäftsmann ein ungutes Gefühl. Unschlüssig blieb er in der Eingangshalle stehen. Doch sein Freund zog ihn am Arm in den parkähnlichen Garten, wo der Hausbesitzer inmitten von blühenden Rhododendren auf einem Sessel unter einem Sonnenschirm saß.

Als der Blick des schuldlos Verarmten auf das Gesicht des Reichen fiel, bestätigte sich seine ungute Vorahnung. Denn dieser Mann saß in der Pracht seines Besitzes mit gerunzelter Stirn, stumpfem Blick und finsterem Gesicht – wie jemand, der nicht die geringste Freude an seinem Leben hat. „Wie kann ich einem Mann, der in gewisser Weise ärmer ist, als ich es bin, um Hilfe bitten?" fragte er seinen Freund.

„Indem du seine Hilfe annimmst, wirst du ihm helfen, innerlich reicher zu werden", war dessen Antwort. „Es wird seiner Seele helfen, dir zu helfen. Es wird seine Stimmung heben und den derzeit trüben Himmel seines Gemütes auflockern. Denn wer einem anderen etwas gibt, gibt auch sich selbst etwas. Deshalb zögere nicht, ihn um Hilfe zu bitten. Indem er dir hilft, hilfst du ihm."

Der Händler dachte kurz über den Rat seines Freundes nach und befolgte ihn.

Die Träne der Unentschlossenheit

Welche Eigenschaften muß ein guter Mann haben?" fragte ein junger Mann seinen Onkel, den er für das weiseste Mitglied seiner Familie hielt.

„Ein guter Mann muß mutig sein, tapfer und sanft. Er benutzt seinen Verstand, ohne sich von ihm benutzen zu lassen. Er gebraucht sein Herz, ohne es mißbrauchen zu lassen. Und er handelt und spricht aus seiner Seele heraus."

„Woran erkenne ich ihn?"

„Du erkennst ihn daran, daß du nichts Falsches an ihm findest, nichts Trügerisches, Halbherziges. Er hat Ängste wie jeder andere, doch den Mut, sie zu überwinden. Er fühlt Schmerzen wie jeder andere, doch er hat die Tapferkeit, sie zu ertragen. Die Welt ist manchmal hart und grob zu ihm wie zu jedem anderen, doch trotzdem wird er selbst nicht hart oder grob, sondern bewahrt sich ein mitfühlendes Herz. Denn er weiß, daß die Menschen Verständnis brauchen, weil es nie genug Verständnis auf der Welt geben wird. Er schenkt ihnen sein Mitgefühl, um ein kleines Licht in ihrem Leben zu sein, das schon genug Dunkelheit erfahren hat."

„Was ist, wenn ich voller Wut auf einen Menschen bin?" fragte der junge Mann. „Wenn ich von ihm enttäuscht bin und mich von ihm distanzieren möchte?"

„Aha, jetzt kommst du zu deinem eigentlichen Problem", sagte sein Onkel. „Wenn dich jemand enttäuscht hat, und du dich von ihm distanzieren möchtest, dann distanziere dich. Aber nenne ihm nach Möglichkeit deine Gründe, laß ihn nicht im Ungewissen, denn Ungewißheit ist oft schmerzhaft. Erkläre ihm, warum du dich von ihm entfernen willst und versuche dabei, ihn nicht zu verletzen, denn wir sind alle schon viel zu oft verletzt worden. Wir brauchen Freundlichkeit und eine gewisse Behutsamkeit."

„Ich danke dir für deinen Rat."

„Den habe ich dir gern gegeben. Aber vergiß nicht, ihn zu prüfen, denn ich könnte mich täuschen. Lausche tief in dich hinein, ob du dich wirklich von diesem Menschen distanzieren möchtest. Wenn du es nicht wirklich willst und dennoch tust, wäre es ein Fehler. Und wenn dir irgendwann bewußt werden sollte, daß es ein Fehler war, gibt es vielleicht keinen Rückweg mehr."

Der Onkel blickte seinem Neffen in die Augen und sah, wie eine Träne schmerzhafter Unentschlossenheit über seine Wange lief.

„Geh so tief in deine Seele, wie du nur kannst. Je tiefer du gehst, desto näher kommst du der Einsicht, was richtig und was falsch wäre. Niemand drängt dich. Nimm dir die Zeit, die du brauchst, um eine Entscheidung zu treffen, die du nicht bereuen wirst."

Ein abgewiesener Besucher

Ein junger Mann klingelte an der Tür einer alten Frau, die für die besondere Güte ihrer Ratschläge im ganzen Ort bekannt war, und stellte sich als freier Journalist einer Lokalzeitung vor, der einen Artikel über sie schreiben wollte.

„Warum willst du das tun?" fragte die Frau.

„Ich habe von verschiedenen Seiten gehört, daß Ihre Ratschläge Gold wert sind und schon so manchen Menschen in Not und Unsicherheit geholfen haben. Das scheint mir einen Bericht wert zu sein."

„Bitte duze mich, ich mag dieses Gesieze nicht. Du kommst also aus beruflichen Gründen zu mir?"

„Ja."

„Ich kann aber nur helfen, wenn ich echte Hilfsbedürftigkeit spüre. Ich kann mein Herz nur Menschen öffnen, die eine quälende Unsicherheit, eine dringende Frage, eine seelische Not zu mir führt. Nur dann entsteht ein Mitgefühl in mir, das mich zu guten Ratschlägen inspiriert. Dir hingegen geht es gut, das sehe und fühle ich. Ich soll dir nur helfen, deiner Arbeit nachzugehen. Das möchte ich nicht. Dafür bitte ich dich um Verständnis."

„Aber wenn ich einen Artikel über Sie schreibe, werden mehr Menschen von Ihrer Existenz erfahren und zu Ihnen kommen, wenn sie Hilfe brauchen. Es wird eine gute Werbung für Sie sein."

„Ich hatte dich gebeten, mich zu duzen. Muß man als Journalist nicht gut zuhören können?"

„Entschuldigung."

„Entschuldigung angenommen. Ich lege keinen Wert auf Werbung, junger Mann. Ich bin doch keine Unternehmerin, die Geld verdienen will. Ich bin nur eine einfache alte Frau, die gern Menschen hilft, die Hilfe brauchen. Das ist alles. Die Menschen, die den Weg zu mir finden, finden ihn, weil es so sein soll. So war es immer, und so soll es bleiben."

„Sie sind ein seltsamer Mensch!" Der Journalist konnte seine Verärgerung nicht ganz verbergen.

„Es tut mir leid, falls ich dich verärgert habe, aber ich sage nun mal, was ich denke und empfinde. Also komm bitte nie wieder zu mir, wenn du nur ein Thema für einen Artikel suchst. Es gibt in diesem Ort viele Menschen, die einem Journalisten Interessanteres zu bieten haben als ich", sagte die Frau. „Doch wenn das Leben dich einmal in eine echte Not führen sollte, in der du guten Rat brauchst und niemanden findest, der ihn dir geben kann, werde ich gern versuchen, dir zu helfen."

DER FREUND ZWEIFEL

Der Weg sei das Ziel, las eine Studentin in einem Buch mit einer Sammlung weiser Gedanken und dachte: Das ist eine gute Erkenntnis, denn sie regt dazu an, in der Gegenwart zu leben, im Augenblick. Andererseits: Wenn man diesen Satz wörtlich nimmt, dann ist das Leben der Tod, denn das Ziel, also das Ende des Leben, ist nun mal der Tod. Vielleicht ist der Satz doch nicht so weise, wie er auf den ersten Blick wirkt?

Sie erinnerte sich an ihr Sportabitur, bei dem sie ihren Tausendmeterlauf nur mit schmerzhaftem Seitenstechen und brennenden Beinmuskeln ins Ziel gebracht hatte. Da war der Weg eine kaum erträgliche Qual gewesen, das Ziel hingegen eine einzige Erleichterung. Sie erinnerte sich auch an schöne Wege, die sie beschwingt und hoffnungsvoll gegangen war, die aber zu einem enttäuschenden Ziel geführt hatten.

Nein, sagte sie sich, der Weg ist nicht das Ziel. Der Weg ist die eine Sache, das Ziel eine andere. Die Beschaffenheit des Weges läßt keine Rückschlüsse auf die Beschaffenheit des Ziels zu.

Aber es war doch richtig und wichtig, in der Gegenwart zu leben, schon öfter hatte sie das gelesen und gehört. Oder war es das womöglich nicht? Gab es nicht soviel Gutes in der Vergangenheit, an das man sich erinnern und es durch das Erinnern lebendig halten sollte? Gab es nicht wertvolle Erfahrungsschätze, an denen man sich immer aufs neue erfreuen sollte, dankbar dafür, daß man sie gefunden hatte? Und wie verhielt es sich mit der Zukunft, der zukünftigen Gegenwart? Wer immer nur im Hier und Jetzt lebte, übersah oder vernachlässigte vielleicht manche gute Möglichkeiten, welche die Zukunft für ihn bereit hielt, und das war sicherlich ein Fehler.

Die Studentin legte das Buch zur Seite und fragte sich: Was ist heute mit mir los, warum zweifle ich alles an?

Weil es gut und wichtig ist zu zweifeln, sagte eine Stimme in ihrem Bewußtsein. Wer nicht genug zweifelt, ist leichtgläubig und nimmt Einsichten oder Behauptungen anderer Menschen vorschnell an, ohne sie ausreichend auf ihre Wahrheit und Weisheit zu prüfen.

Ja, sagte sich die Studentin, der Zweifel ist notwendig, damit das, was ich als wahr anerkenne, auch wirklich meine Wahrheit ist – und nicht die eines anderen. Der Zweifel ist mein Freund. Er macht es mir oft nicht leicht, aber trotzdem oder gerade deshalb ist er mein Freund, den ich nie verlieren will.

Die wertvollsten Geschenke

Ein nachdenkliches Mädchen, das gern gegen den Strom schwamm, fragte ihren Großvater: „Warum soll ich eigentlich meinen sechzehnten Geburtstag feiern?"

„Warum solltest du es nicht? Es ist üblich, daß Menschen ihren Geburtstag feiern. Auf der ganzen Welt", war die Antwort.

„Ja, aber es ist doch nur eine Konvention, und ich mag Konventionen nicht besonders. Außerdem – wie soll ich vorher wissen, ob ich an meinem Geburtstag überhaupt in Feierlaune bin? Und wenn ich feiere, ohne in der Stimmung dafür zu sein, komme ich mir vor wie eine Heuchlerin."

Der Großvater dachte eine Weile nach und fragte seine Enkelin: „Was wünschst du dir eigentlich zum Geburtstag?"

„Nichts, was ich mir nicht zu jedem anderen Tag auch wünschen würde. Daß ich mich gut fühle, daß meine Lieblingsmenschen und ich gesund sind, daß mehr Frieden und weniger Ungerechtigkeit in der Welt herrschen, daß die Menschheit endlich damit aufhört, unsere Lebensgrundlagen zu gefährden."

„Sonst nichts?"

„Sonst nichts."

„Gut", sagte ihr Großvater und lächelte schelmisch, „dann brauche ich mir ja nicht den Kopf darüber zu zerbrechen, was ich dir zum Geburtstag schenken soll."

„Mein Geburtstag soll dich nicht davon abhalten, mir etwas zu schenken", sagte das Mädchen. „Ich möchte nur nicht, daß du dich dazu verpflichtet fühlst. Geschenke, die spontan von Herzen kommen, sind für mich die wertvollsten – egal zu welchem Zeitpunkt. Das Herz schaut nicht in den Kalender."

DAS INNERE KIND

„Manchmal habe ich das Leben so satt!" klagte eine Frau ihrer besten Freundin. „Es besteht nur aus Wiederholungen! Den verdammten Wecker hören, aufstehen, duschen, sich anziehen, zur Arbeit fahren, nach Hause zurückkommen, Abendessen, Fernsehen – und wieder ins Bett gehen. Gut, nicht jeder Tag ist so, aber die allermeisten. Manchmal hab ich das Gefühl, daß ich gar nicht mehr ich selbst bin. Daß ich nur noch wie ein Roboter täglich aufs neue die gleichen Dinge tue, ohne zu spüren, daß ich wirklich lebe."

„Ich weiß, was du meinst", erwiderte ihre Freundin. „Es geht mir genauso. Ich habe noch vor kurzem darüber nachgedacht, was man machen kann, um sich gegen die Macht der ewigen Wiederholungen zu wehren."

„Und – hast du etwas herausgefunden?"

„Ja. Man muß versuchen, das, was man zum tausendsten Mal tut, so zu tun, als wäre es das erste Mal."

Ihre Freundin hob abwehrend die Hände. „Ja, man kann natürlich so tun. Aber letztlich betrügt man sich doch nur selbst, weil man genau weiß, daß man es zum tausendsten Mal tut."

„Nein!" erntete sie Widerspruch. „Wenn man sich mit Haut und Haaren und mit offenen Sinnen in die Situation hineinbegibt, dann ist da etwas, das stärker ist als die Routine."

„Und was ist das?"

„Ich weiß nicht, wie ich es nennen soll", gestand die Freundin und zuckte mit den Schultern.

„Versuche es!"

„Das innere Kind! Ja, man muß sein inneres Kind ans Steuer lassen", erwiderte sie nach längerem Nachdenken. „Man muß den Augenblick mit den Augen des Kindes betrachten, das man einmal war, aber das man auch wieder sein kann, wenn man sich ganz und gar auf die Gegenwart einläßt, wie wir es als Kinder getan haben. Das gelingt mir nicht immer. Aber wenn es mir gelingt, habe ich das schöne Gefühl, aus dem ewigen Kreislauf der Wiederholungen entkommen zu sein."

Ich habe in den letzten Tagen viel über das Thema Rache oder Verzeihen nachgedacht", sagte ein junger Mann zu seiner Mutter, mit der er sich gut verstand.

„Ein ebenso interessantes wie schwieriges Thema", stellte sie fest. „Zu welchen Ergebnissen bist du gekommen?"

„Nun ja", sagte er, „jemandem zu verzeihen ist immer besser, als sich an ihm zu rächen. Aber manches ist einfach unverzeihlich. Manches muß mit gleicher Münze heimgezahlt werden, ohne daß es deshalb eine Rache sein muß."

„Wie würdest du es denn sonst nennen?"

„Die Wiederherstellung des Gleichgewichts. Zum Beispiel: Wenn mich ein unzuverlässiger Freund ein paarmal bei Verabredungen lange auf ihn warten läßt, und ich mich darüber bei ihm beschwere, er aber sein Verhalten nicht ändert, dann lasse ich ihn auch mal öfter warten, damit er spürt, wie das ist. Manche Menschen erreicht man nicht mit Worten, sondern nur mit Taten."

Seine Mutter nickte. „Und kommt dein Freund seitdem pünktlich zu euren Verabredungen?"

„Nein", gestand ihr Sohn. „Ich erreiche ihn leider weder mit Worten noch mit Taten. Seine Unzuverlässigkeit ist ihm heilig."

„Dann mußt du ihn so nehmen, wie er nun mal ist."

„Oder mich von ihm distanzieren, damit mich seine Unzuverlässigkeit nicht mehr berührt."

„Also dich ihm gegenüber abstumpfen", sagte die Mutter.

„Ja. Doch Abstumpfung führt zu Gleichgültigkeit. Und die wiederum führt mich zu der Frage, welchen Sinn diese Freundschaft überhaupt noch für mich hat. Ob ich sie nicht besser beenden soll, als sie halbherzig weiterzuführen."

Seine Mutter seufzte. „Ich verstehe dich. Nach meiner Erfahrung legen Menschen ihre Gewohnheiten im Umgang mit anderen nur sehr ungern ab. Es ist eine Sisyphusarbeit, sie zu einer Verhaltensänderung zu bewegen. Und man erweckt damit nicht selten ihren Unmut, weil man ihnen zeigt, daß man sie nicht so akzeptiert, wie sie sind."

„Richtig", stimmte ihr Sohn zu. „Aber wenn man ihnen immer wieder alles verzeiht, dann tanzen sie einem auf der Nase herum und nehmen einen nicht ernst."

„Tja", sagte Mutter. „Es ist leider nicht selten so. Wenn man großzügig, tolerant und verständnisvoll ist, wird man von manchen Menschen ausgebeutet. Vielleicht sogar von vielen. Aber nicht von allen. Wenn du meinen Rat hören willst: Ein Mensch, der deine besten Eigenschaften immer aufs neue ausnutzt, ist nicht dein Freund."

DIE GEDANKEN UND DIE INNERE STIMME

Wie wichtig ist die Meinung anderer Menschen über uns für unser eigenes Glück?" fragte ein nachdenkliches Mädchen seinen Vater.

„Für unser Glück ist sie nicht so wichtig, wie viele glauben", antwortete er. „Die allermeisten Menschen machen sich ohnehin falsche Bilder von dir. Allein schon deshalb ist ihre Meinung über dich nicht so wichtig."

„Aber es ist doch ärgerlich und auch traurig, wenn andere Menschen falsch über mich denken."

„Nur wenn du dich darüber ärgern oder traurig sein willst. Für dein Glück ist entscheidend, was du über dich denkst."

„Aber manchmal zweifle ich an meinen Gedanken. Was soll ich dann tun?"

„Höre immer auf deine innere Stimme!" sagte der Vater. „Jeder Mensch hat eine innere Stimme. Du kannst sie hören, wenn du es ganz still in dir werden läßt. Was sie dir sagt, ist immer richtig."

„Was ist denn der Unterschied zwischen meinen Gedanken und meiner inneren Stimme?"

„Der Unterschied liegt in der Quelle. Deine Gedanken kommen aus deinem Verstand. Deine innere Stimme kommt aus der Tiefe deiner Seele. Die Gedanken reden gern laut und unruhig. Die innere Stimme spricht immer leise und sanft. Die Gedanken hinterlassen immer eine

Spur von Zweifel. Die innere Stimme gibt dir vollkommene Gewißheit."

„Warum hat die innere Stimme immer recht?" fragte das Mädchen.

„Weil die Seele viel tiefer sieht als der Verstand. Weil sie viel höher fliegt als er. Die Seele betrachtet das Leben von einer höheren Warte als der Verstand, auch wenn er das nicht wahrhaben will. Er hat schon viele Menschen von dem guten Weg abgebracht, auf den ihre Seele sie führen wollte."

„Dann werde ich lernen, meine innere Stimme von meinen Gedanken zu unterscheiden", sagte das Mädchen.

„Das ist eine der wichtigsten Aufgaben überhaupt. Deine Seele ist die Meisterin deines Lebens. Ihr mußt du folgen – immer. Der Verstand ist nur ein Diener, der gern Meister wäre. Ihn mußt du benutzen, aber du darfst dich nie von ihm benutzen lassen."

EINE BRÜCKE BAUEN

Der Meister fragte einen Schüler, wie er den Tag verbracht hatte.

„So wie jeden anderen auch", war die Antwort.

„Das ist unmöglich", sagte der Meister. „Wie es keine zwei Menschen auf der Welt gibt, die sich in allem gleichen, gibt es keinen Tag, der einem anderen gleicht. Alles, was die Natur uns gibt, ist einzigartig."

Beschämt von diesen Worten senkte der Schüler den Kopf.

„Und wie wirst du den heutigen Tag verbringen?" fragte der Meister.

„Im Bewußtsein seiner Einmaligkeit und mit wachen Sinnen für seine versteckten Schönheiten und Überraschungen", war die Antwort des Schülers.

„Das hast du gut gesagt", erwiderte der Meister. „Nun mußt du es aber auch gut tun. Denn die Kluft zwischen dem Vorsatz und dem Satz über die Kluft ist oft recht groß. Man muß ein guter Springer sein, um den Abgrund zu überwinden. Oder sich eine Brücke bauen."

„Aus welchem Material baut man eine solche Brücke?" wollte der Schüler wissen.

„Aus Geistesgegenwärtigkeit und Geduld, aus Mut und Heiterkeit", war die Antwort des Meisters.

Ruhe & Gelassenheit

DIE LEKTION DES MEISTERS

Ein Mann sagte zu einem Meister der Weisheit: „Ich habe oft das Empfinden, verwirrt zu sein und meinen eigenen Gefühlen nicht trauen zu können. Kannst du mir sagen, wie ich mehr Klarheit gewinnen kann?"

„Schau die Dinge so an, wie sie sind. Lege nichts Fremdes in sie hinein. Laß sie einfach so sein, wie sie sind."

„Aber tut man das nicht ohnehin?"

„Nein", widersprach der Meister. „Viele Menschen sehen die Dinge nicht so, wie sie sind, sondern machen sie zu einer Leinwand, auf die sie ihre eigenen Gefühle und Gedanken, Bedürfnisse und Wünsche projizieren."

„Gib mir ein Beispiel!" bat der Mann.

„Schau durch das Fenster in den Himmel!" forderte der Meister ihn auf. „Was siehst du dort?"

„Ich sehe den Vollmond."

„Das ist gut. Denn wenn du sehr hungrig wärst, würdest du nicht den Vollmond sehen, sondern womöglich einen Käselaib. Und wenn du sehr verliebt wärst, würdest du das Gesicht deiner Angebeteten statt des Mondes sehen. Und wenn du sehr geldgierig wärst, würdest du statt des Vollmondes eine Silbermünze sehen."

„Das leuchtet mir ein. Die Dinge sind oft das, was wir in sie hineinsehen", sagte der Mann, stand auf und wollte sich schon mit Dank für die Lektion verabschieden, die er bekommen hatte.

Da fragte der Meister ihn: „Was siehst du, wenn du in mein Gesicht schaust?"

„Ich sehe das Gesicht eines weisen Mannes."

„Das ist nicht gut", sagte der Meister.

„Warum?" fragte der Besucher überrascht.

„Wenn du in Einklang mit dir selbst leben würdest, dann würdest du nicht das Gesicht eines weisen, sondern eines ganz normalen Mannes sehen. Doch da du in Verwirrung lebst, sehnst du dich nach Weisheit. Es ist deine Sehnsucht, die mein normales Gesicht zu einem weisen Gesicht macht."

Die Suche nach dem inneren Meister

W arum empfängst du mich nun schon zum dritten Mal?" fragte eine Frau den Meister.

„Weil du mich zum dritten Mal darum gebeten hast."

„Hilfst du jedem Menschen, der dich darum bittet?"

„Nein. Nur denen, die mit aufrichtigem Herzen und suchender Seele zu mir kommen. Denen, die in Not sind, die sich innerlich wie gefangen oder gelähmt fühlen und keinen Ausweg sehen."

„Und wie hilfst du ihnen?"

„Jeder Mensch ist einzigartig und braucht eine einzigartige Hilfe. Was für den einen Medizin ist, kann für den anderen Gift sein. Deshalb habe ich keinen Plan, wenn ich zu helfen versuche, kenne keine Gewohnheiten oder Rituale, keine Routine."

„Gibt es denn keine Gemeinsamkeit? Gibt es nichts, was du allen Menschen vermitteln möchtest, die deine Hilfe suchen?"

„Ja, es gibt eine Gemeinsamkeit. Ich sehe in ihnen allen ihren inneren Meister, den sie selbst noch nicht sehen. Und alles, was ich für sie tue und ihnen sage, hat nur ein Ziel: ihnen zu helfen, ihren inneren Meister zu finden."

„Ist das auch dein Ziel, was mich betrifft?"

„Ja."

„Wie weit entfernt bin ich noch von diesem Ziel?"

„Einen Schritt oder hunderttausend Schritte. Einen

Schritt, wenn du den richtigen Augenblick erkennst und umarmst. Hunderttausend Schritte, wenn du immer aufs neue an ihm vorbeigehst."

„Woran erkenne ich den richtigen Augenblick?"

„Daran, daß er auch dich erkennt und auf dich zugeht. Du mußt ihm nur mit offenen Armen entgegenkommen."

Die Frau wirkte unzufrieden mit dieser Antwort. „Und woran erkenne ich, daß der richtige Augenblick mich erkennt?"

„Die Atmosphäre verändert sich von einem Moment auf den anderen. Sie wird intensiver, lebendiger, bedeutungsvoller. Wenn sich die Tür zu deinem inneren Meister öffnet, ist es für deine Seele wie ein Lufthauch, der einen magischen Duft verströmt. Wenn die Sinne deiner Seele wach und offen sind, wirst du ihn sofort wahrnehmen. Wenn du in Alltäglichkeiten, Sorgen, Grübeleien oder oberflächlichen Tätigkeiten verstrickt bist, wirst du ihn nicht wahrnehmen. Je offener und seelenvoller du durch deine Tage gehst, desto größer ist deine Chance, deinen inneren Meister zu finden. Und wenn du ihn gefunden hast, wirst du mich nicht mehr brauchen."

„Ich werde dann aber trotzdem noch einmal zu dir kommen."

„Warum?"

„Damit mein innerer Meister sich bei deinem bedanken kann."

Das Wasser der Genügsamkeit

Ein weisheitsdurstiger Mann kam zum Meister und fragte ihn: „Wer ist mein größter Feind?"

„Dein größter Feind ist der, dem du alles schenkst, was du zu schenken hast, und der trotzdem dein Feind bleibt."

„Und wer ist das?"

„Die Begierde", sagte der Meister. „Sie ist wie das Wasser des Meeres, von dem du immer durstiger wirst, je mehr du davon trinkst. Je mehr Wünsche du der Begierde erfüllst, desto maßloser werden ihre Ansprüche. Bist du ein reicher Mann, zwingt sie dich, noch mehr Geld und Besitz anzuhäufen. Bist du ein Casanova, zwingt sie dich, immer neue Eroberungen zu machen. Bist du ein Feldherr, zwingt sie dich, immer neue Schlachten zu gewinnen. Damit du dich immer reicher, begehrenswerter und stärker fühlst. Doch in Wahrheit bist du arm, unschön und schwach: ein Sklave deines unermüdlichen Verlangens."

„Wie kann ich diesen Feind besiegen?" fragte der Suchende.

„Indem du der Begierde die Macht über dich entziehst", erklärte der Meister. „Befreie dich von ihren maßlosen Ansprüchen. Ein Mensch braucht nicht viel, um glücklich zu sein. In der Bescheidenheit liegt viel Glück, denn der Bescheidene findet Seelenfrieden. Er hat sich befreit von der Tyrannei seines Begehrens. Er hat das lodernde Feuer seiner Begierde mit dem Wasser der Genügsamkeit gelöscht."

DER STETE TROPFEN UND DER STEIN

Als der stete Tropfen zum ersten Mal auf den Stein fiel, lachte der Stein und sagte: „Du bist wohl größenwahnsinnig! Willst du dich sinnlos an mir vergeuden?"

Der stete Tropfen schwieg.

Nach fünf Jahren war dem Stein das Lachen vergangen, und er mußte dem steten Tropfen zugestehen: „Eins muß ich dir lassen – du bist zwar weich, aber hartnäckig."

Nach zehn Jahren bekannte der Stein: „Ich habe dich unterschätzt."

Und nach hundert Jahren mußte er eingestehen: „Du hast eine Mulde in mich hineingetropft. Wie kann etwas so Weiches wie du etwas so Hartes wie mich verformen?"

„Weil Nachgiebigkeit und Beständigkeit auf lange Sicht stärker sind als Härte und Starre", antwortete der stete Tropfen.

NOCH EIN LANGER WEG

Ein junger Mönch sagte zu dem Abt eines Zen-Klosters: „Ich besitze nicht mehr viel, aber selbst dieses Wenige empfinde ich als Belastung."

„Dann wirf es weg!" riet der Abt.

Am nächsten Tag kam der junge Mann zurück und erklärte: „Jetzt habe ich nichts mehr."

„Dann wirf auch das weg!" empfahl der Abt.

„Wie soll ich etwas wegwerfen, das ich gar nicht habe?" fragte der Mönch.

„Du hast noch diese Frage. Wirf sie weg!"

Der junge Mönch war so überrascht von diesen Worten, daß einen Moment lang das sich sonst unentwegt drehende Rad der Gedanken in seinem Geist anhielt. Nach diesem Augenblick erkannte er, daß er zum ersten Mal in seinem Leben keinen einzigen Gedanken in seinem Bewußtsein gehabt hatte. „Ich habe zum ersten Mal die gänzliche Freiheit von meinen Gedanken erlebt, deren Wichtigkeit für den spirituellen Fortschritt du immer aufs neue betonst!" verkündete er dem Abt mit sichtlicher Freude.

„Wirf die Freude darüber weg!" sagte der Zen-Meister.

„Warum soll ich mich nicht darüber freuen, daß ich endlich die Erfahrung der Freiheit von Gedanken gemacht habe?" begehrte der Mönch auf.

Der Zen-Meister antwortete: „Kaum hast du erstmals Gedankenstille erlebt, zerstörst du sie sofort wieder mit dem Gedanken, sie erlebt zu haben. Du bist einen kleinen Schritt in die richtige Richtung gegangen – und sogleich gestolpert. Erst wenn du stundenlang meditieren kannst, ohne daß ein einziger Gedanke deine Meditation stört, hast du Grund genug, dich über deinen spirituellen Fortschritt zu freuen. Aber bis dahin ist es noch ein langer Weg, bis dahin wirst du noch oft stolpern."

BETRACHTUNGSWEISEN

Zwei Männer, die an der Theke einer Kneipe saßen, konnten sich nicht darüber einigen, ob ihre Weingläser schon halb leer oder noch halb voll waren.

Also fragten sie den Wirt nach seiner Meinung.

„Es ist eine Frage der Betrachtungsweise", antwortete er.

„Aber meine Betrachtungsweise ist die bessere", behauptete der erste Mann. „Weil ich mein Glas als noch halb voll empfinde, habe ich mehr Freude daran, es auszutrinken."

„Dafür ist meine Traurigkeit nicht so groß wie deine, wenn es leer ist", hielt der zweite Mann ihm entgegen.

„Ich werde überhaupt nicht traurig sein, wenn es leer ist", erwiderte der erste, „weil ich viel Genuß beim Trinken hatte. Du hingegen bist schon traurig, bevor du überhaupt dein Glas leergetrunken hast."

WILLST DU FLIEGEN, LASS DICH FALLEN

Ein junger Mann, der nach tiefer Einsicht suchte, fragte einen großen Weisen: „Wie handle ich in bester Absicht?"

„Absichtslos", antwortete der Weise.

„Und wie finde ich den besten Weg?"

„Ziellos."

„Und wie liebe ich am besten?"

„Grenzenlos."

Der junge Mann ließ diese Antworten lange auf sich wirken, bevor er seine letzte Frage stellte: „Und wie lehre ich meine Seele das Fliegen?"

Der Weise sagte: „Willst du fliegen, laß dich fallen."

DIE GEWALT UND DIE SANFTMUT

Du bist dumm", sagte die Gewalt zur Sanftmut. „Wenn man mit dir streitet, gibst du nach."

„Der Klügere gibt nach", antwortete die Sanftmut.

„Du bist nicht klug, sondern naiv", behauptete die Gewalt.

„Naivität kann eine Form der Weisheit sein", erwiderte die Sanftmut.

Die Gewalt lachte abschätzig. „Du bist schwach, und du verteidigst deine Schwäche auch noch, anstatt dich ihrer zu schämen."

„Wer das Glück der Schwäche nicht kennt", war die Antwort der Sanftmut, „überschätzt die Bedeutung der Stärke."

„Deine Sprüche gefallen mir nicht", sagte die Gewalt und gab der Sanftmut eine schallende Ohrfeige. „Ich sollte dich ein für alle Mal vernichten."

„Du versuchst es seit Menschengedenken", antwortete die Sanftmut, „aber bis heute ist es dir nicht gelungen."

DER GÄRTNER

Ein Arzt in den mittleren Jahren hatte sich ein Haus am Stadtrand gekauft. Nachdem die vielfältigen Arbeiten des Umzugs, der Renovierung und der Einrichtung erledigt waren, saß er gern am späten Nachmittag auf seiner Veranda, um sich von seinem Arbeitstag zu erholen.

Dabei fiel ihm der Nachbar zu seiner Rechten auf: ein schlanker, grauhaariger Mann, der die Sechzig wohl schon weit überschritten hatte und eine große Zuneigung zu seinem Garten zu hegen schien. Denn immer wenn der Arzt auf seiner Veranda saß, sah er den Nachbarn in seinem Garten, den er sehr liebe- und geschmackvoll gestaltet hatte, umhergehen, sitzen, im Gras liegen oder auch arbeiten: die schmalen Kieswege harken, die Rasenflächen mähen – und was sonst noch an Gartenarbeit anfiel, die er sehr gern zu machen schien und nicht als lästige Pflicht empfand, sondern offenbar als eine Freude, wie sein zufriedenes, manchmal geradezu glückliches Gesicht verriet.

Einmal beobachtete der Arzt seinen Nachbarn dabei, wie er fast zärtlich die Rinde des Stammes seiner hochgewachsenen Hängebirke berührte und behutsam mit der Hand über die Blätter verschiedener Pflanzen strich, als würde er sie streicheln, wobei sich seine Lippen bewegten, als spräche er zu seinen Pflanzen.

Manchmal trafen sich die Blicke der beiden, und der Gärtner, wie ihn der Arzt insgeheim nannte, nickte seinem neuen Nachbarn freundlich zu, mit einem Lächeln, in dem sich echte Zufriedenheit, Gelassenheit und Freude zu spiegeln schienen.

Eines Tages gab sich der Arzt, der nach Beendigung seines Arbeitstages eigentlich immer seine Ruhe haben wollte und keinen Wert auf näheren Kontakt zu seiner Nachbarschaft legte, einen Ruck, erhob sich aus seinem bequemen Verandasessel, ging zu der brusthohen Hecke, die sein Grundstück von dem des Gärtners trennte, grüßte den alten Mann und rief ihm zu: „Sie haben einen sehr hübschen Garten."

Der Gärtner, den diese Worte zu freuen schienen, kam auf den Arzt zu, blieb kurz vor der Hecke stehen und sagte: „Ich liebe ihn eigentlich mehr als mein Haus. Ich kann gar nicht mehr verstehen, wie ich es jahrzehntelang in einer Stadtwohnung aushalten konnte. Aber man weiß ja oft erst, was man wirklich braucht, wenn man es gefunden hat."

„Ich hätte gar nicht die Zeit, meinen Garten so schön zu gestalten und zu pflegen wie Sie", gestand der Arzt. „Einmal im Monat lasse ich einen Gärtner kommen – und der macht dann die nötigen Arbeiten für mich."

„Sie sollten sich mehr Zeit für Ihren Garten nehmen."

„Ja, wenn ich mal in den Ruhestand gehe, dann vielleicht", spekulierte der Arzt. „Aber bis dahin ist noch viel Zeit."

„Fangen Sie doch jetzt schon an, mit kleinen Arbeiten. Vielleicht kommen Sie auf den Geschmack. Bäume und

Pflanzen sind wunderbare Geschöpfe! Sie enttäuschen einen nie. Sie machen einen nur manchmal traurig, wenn sie sterben. Aber sie haben so unendlich viel Gutes zu geben – im Gegensatz zu vielen Menschen."

Der Arzt dachte über die Worte seines Nachbarn nach und vermutete, daß er so manche menschliche Enttäuschungen erlebt hatte, behielt diesen Gedanken aber für sich und sagte statt dessen: „Ich freue mich, daß Ihr Garten Ihnen so viel gibt. Wenn Sie darin sitzen oder umhergehen, wirken Sie, wenn ich das so sagen darf, richtiggehend glücklich."

„Das dürfen Sie gern so sagen!"

„Tja, es war nett, mit Ihnen zu sprechen", stellte der Arzt fest, „aber leider muß ich jetzt noch etwas erledigen. Ein Gutachten erstellen."

„Dann will ich Sie nicht aufhalten", sagte der Gärtner. „Nur eins möchte ich Ihnen noch mitgeben."

„Ja?" fragte der Arzt. „Und was?"

„Wenn du eine Stunde glücklich sein willst, dann betrinke dich. Wenn du einen Tag glücklich sein willst, verliebe dich. Wenn du eine Woche lang glücklich sein willst, veranstalte ein großes Fest. Und wenn du ein Leben lang glücklich sein willst, schaffe dir einen Garten an."

Ein symbolischer Vorgang

Zwei Männer saßen auf einer Parkbank und beobachteten zwei Jungen, die ausgelassen auf einer Wiese herumtobten, auf der einige prächtige Bäume standen. Nachdem die Jungen eine Weile Fangen gespielt hatten, beschlossen sie, ihre Kräfte in einem Wettlauf zu messen.

Der kleinere der beiden erwies sich als der schnellere und hätte den Wettlauf mit Sicherheit gewonnen, wenn er nicht kurz vor dem Ziel über einen aus dem Wiesenboden herausragenden Teil einer Baumwurzel gestolpert und der Länge nach hingefallen wäre.

Er stand auf und schimpfte wie ein Rohrspatz, während er zu der Baumwurzel ging, die ihn zu Fall gebracht hatte. Mit voller Wucht trat er gegen sie und schrie im nächsten Moment laut vor Schmerz auf. Er humpelte jammernd ein paar Schritte, bevor er sich auf den Boden fallen ließ und mit schmerzverzerrtem Gesicht seinen Fuß hielt, während sein Spielgefährte sich vor spöttischem Lachen ausschüttete.

„Das war ein symbolischer Vorgang", stellte der ältere der Männer fest.

„Inwiefern?" wollte der jüngere wissen.

„Wenn uns etwas mißlingt, suchen wir immer gern einen Schuldigen dafür. Im Fall des Jungen war das die Baumwurzel, an der er die Wut über seine Niederlage beim Wettlauf ausließ, anstatt sich einzugestehen, daß seine eigene Unachtsamkeit ihn zu Fall gebracht hatte. Er trat gegen die Wurzel, um sie für sein eigenes Versagen zu bestrafen, womit er sich zu der Wut über seine Niederlage auch noch Schmerzen an seinem Fuß einhandelte – also alles nur noch schlimmer machte."

„So sind Kinder eben. Emotional, unvernünftig, impulsiv", sagte der jüngere Mann. „Was ist daran symbolisch?"

„Alles", war die Antwort. „Wenn wir unsere eigene Schuld an einem Mißgeschick oder Unglück leugnen, das uns wütend macht, und in unserer Wut einen Sündenbock finden, um ihn für unser eigenes Versagen zu bestrafen, fügen wir uns selber nur noch mehr Leid zu. Und ernten zu allem Überfluß auch noch Spott, für den der bekanntlich nicht sorgen muß, der den Schaden hat."

Jeder Tag ist gut

Ein weiser Mann wurde von einem Glückssucher gefragt: „Wie fühlst du dich heute?"

„Gut", sagte der Weise. „Ich fühle mich jeden Tag gut."

„Aber nicht jeder Tag ist gut", erwiderte der Besucher.

„Doch", widersprach der Weise, „jeder Tag ist gut. Auch wenn er schlecht ist. Ich mache ihn gut."

„Wie soll das gehen?"

„Indem ich dem schlechten Tag nicht erlaube, mir ein schlechtes Gefühl zu geben. Und immer wenn mir das gelingt, und es gelingt mir fast immer, spüre ich einen Triumph, eine Freude darüber, daß ich das in mir aufrecht erhalten habe, was immer da ist und was immer gut ist: die angeborene Heiterkeit meiner Seele. Wie schlecht der Tag auch sein mag."

Der Suchende bedankte sich für diese hilfreichen Worte, in denen er eine Weisheit erahnte, die er sich zu eigen zu machen vornahm.

DIE WERTVOLLSTEN ERKENNTNISSE

W ie gelange ich zu den wertvollsten Erkenntnissen, die ein Mensch gewinnen kann?" fragte ein Student der Philosophie seinen Professor.

„Die wertvollsten Erkenntnisse findest du nur, wenn du nicht nach ihnen suchst. Denn die Suche gibt deinem Blick eine gewisse Zielgerichtetheit und nimmt ihm damit die Freiheit, spontan dorthin zu schweifen, wo es ihm gefällt. Und gerade diese Freiheit braucht er unbedingt. Denn die wertvollsten Erkenntnisse liegen in der Regel dort, wo wir sie nicht vermuten."

„Wo liegen sie?"

„In der eigenen Seele."

„Diese Antwort sagt mir alles und zugleich nichts. Ich möchte wissen, auf welche Weise ich sie suchen soll. Systematisch oder ungeordnet, regelmäßig oder nach Lust und Laune?"

„Es heißt zwar", sagte der Professor, „daß der findet, der sucht. Doch das bezieht sich auf die kleinen Erkenntnisse. Für die großen und kostbaren Einsichten gilt eher der Satz: Ich habe gefunden, weil ich nicht suchte."

DIE WAHREN SCHÄTZE DES LEBENS

Eine Studentin wartete, bis der Vorlesungssaal sich geleert hatte, und sprach ihre Philosophieprofessorin an. „Darf ich Ihnen eine Frage stellen?"

„Aber gern."

„Sie ist ganz einfach", sagte die Studentin, „und zugleich vielleicht die schwierigste Frage überhaupt: Wofür lohnt es sich zu leben?"

„Warum fragen Sie mich das?"

„Die Welt, in der wir leben, ist geprägt von Wettbewerb, von Konkurrenzkampf", erklärte die Studentin. „So gut wie jeder will besser und wichtiger sein als der andere, will mehr Geld, Macht, Prestige, Anerkennung. So gut wie jeder strebt danach, Wohlstand und Sicherheit zu gewinnen, ein größeres Haus, ein teureres Auto als der Nachbar zu haben. Die allermeisten suchen ihr Glück in Äußerlichkeiten. Aber ich bezweifle, daß dies der Sinn des Lebens ist. Daß es sich dafür zu leben lohnt. Und damit bin ich wohl eine Außenseiterin."

„Es ist besser, ein Außenseiter zu sein, als mit der Masse in die falsche Richtung zu gehen", sagte die Professorin. „Ihre Zweifel an den Bedürfnissen der Massenmenschen sind vollauf berechtigt. Wer Glück, Erfüllung und Zufriedenheit in materiellen Dingen sucht, wird sie nicht wirklich finden. Sicherlich spürt er eine gewisse Freude, ein gewisses Glück nach dem Erreichen eines Ziels. Aber die

Freude über das neue schöne Auto weicht schnell der Gewohnheit, und die Freude über das hart erarbeitete Eigenheim hält nicht lange an, weil erfüllte materielle Wünsche schnell den Zauber verlieren, den sie hatten, solange sie noch unerfüllt waren. Nachhaltige Freude und beständiges Glück finden wir nicht in den Dingen, die wir mit Geld erlangen können. Die wahren Schätze des Lebens sind unkäuflich."

„Sie sprechen mir aus der Seele", bekannte die Studentin dankbar. „Doch wie finde ich diese Schätze?"

„In Ihnen selbst, meine Liebe", sagte die Professorin. „Alle großen Dichter und Philosophen haben uns das immer aufs neue gesagt. Das Glück wohnt nicht im Besitz und nicht im Gold, es ist in der Seele zu Hause. Das ist auch meine Antwort auf Ihre Frage, wofür es sich zu leben lohnt. Suchen Sie das Glück, das immer tief in Ihrer Seele existiert, unabhängig von den Irrungen und Wirrungen des Lebens! Glück ist nicht eine Folge des äußeren, sondern des inneren Wohlstands eines Menschen – des Reichtums seiner Seele, der Tiefe seines Empfindens, der Schönheit seines Wesens, der Weite seines Herzens."

Eine innere Notwendigkeit

W as ist das Geheimnis deiner Erkenntnistiefe und deiner Gelassenheit?" fragte eine junge Frau einen Weisen.

„Da gibt es kein Geheimnis, es ist nichts weiter als eine Folge meiner Veranlagung", antwortete er. „Schon als junger Mann hatte ich das Bedürfnis, hinter die Vorhänge des Offensichtlichen zu blicken, hinter die Schleier des Alltäglichen, hinter die Kulissen des ständigen Theaterspiels der Menschen. Dabei erkannte ich, daß die allermeisten Menschen getrieben sind von dem Wunsch nach einem möglichst guten Leben. Und daß es ihnen schwerfällt zu ertragen, daß andere ein scheinbar besseres Leben führen."

„Es ist ja auch verständlich, daß Menschen, die kaum genug Geld zum Leben haben, es unerträglich finden, daß andere Leute Villen mit fünf Schlafzimmern besitzen."

„Ja, das ist verständlich", stimmte der Weise zu. „Die Armen können den Luxus der Reichen nicht ertragen, und deshalb schreien sie nach Gerechtigkeit. Die meisten Reichen hören ihre Schreie aber nicht hinter den dicken Mauern ihres Wohlstandes. Ich fürchte, ihre Schreie werden solange zu hören sein, wie Menschen existieren. Denn die Reichen sind meistens auch die Mächtigen. Gerechtigkeit ist ein sehr hohes Ziel. Es ist gut und richtig, dieses Ziel anzustreben, doch erreichen wird die Menschheit es wahrscheinlich nie."

„Warum nicht?" fragte die Frau.

„Allein schon, weil es unterschiedliche Vorstellungen von Gerechtigkeit gibt. Was dem einen als ungerecht erscheint, erscheint dem anderen als gut und richtig. Es gab schon immer große Konflikte zwischen den Menschen aufgrund der Unterschiedlichkeit ihrer Wahrnehmungen und Überzeugungen, ihrer Empfindungen und ihrer Werte. Viele dieser Konflikte konnten friedlich gelöst werden, andere führten zu erbitterten Fehden und schrecklichen Kriegen. So ist es nach wie vor. Gerechtigkeit und Frieden sind unbedingt zu erstrebende Ideale, aber sie werden nie gänzlich erreicht werden. Und trotzdem darf man nicht nachlassen in dem Bemühen, sich ihnen anzunähern."

„Ich habe dir so selbstvergessen zugehört, daß ich gar nicht mehr weiß, warum ich zu dir gekommen bin".

„Du hast mich nach dem Geheimnis meiner Erkenntnistiefe und Gelassenheit gefragt. Ich habe erkannt, daß meine Enttäuschung, Wut und Empörung über all die Ungerechtigkeit und Friedlosigkeit, die Mißstände und Übel nichts an den Verhältnissen ändern, aber mein Herz und meine Seele verdüstern, womit niemandem geholfen ist. So habe ich mit den Jahren Gelassenheit gelernt, denn nur mit ihr kann ich die Welt und die Menschen so akzeptieren, wie sie nun mal sind. Gelassenheit zu gewinnen war für mich eine innere Notwendigkeit, um nicht an der Welt und den Menschen zu verzweifeln. Ein Verzweifelter ist eine Last für sich selbst und andere. Und das wollte ich nie werden."

SCHACH UND LEBEN

Ein Arzt und ein Lehrer in den mittleren Jahren hatten einige Gemeinsamkeiten. Sie waren Nachbarn, Freunde, mochten kein hohles Gerede, lasen gern gute Bücher und spielten jeden Mittwochabend Schach.

„Spielen wir eigentlich miteinander oder gegeneinander?" fragte der Arzt unvermittelt während einer Partie.

„Beides. Wir spielen miteinander, um gegeneinander spielen zu können", antwortete der Lehrer.

„Ja, so ist es wohl. Neulich habe ich irgendwo gelesen, das Schachspiel sei wie das Leben", sagte der Arzt und machte einen schlechten Zug.

„Inwiefern?" fragte der Lehrer und bewegte einen Springer.

„Nun ja, man hält sich an die Regeln, aber versucht, besser als der andere zu taktieren, um zu gewinnen. So ist es im Leben doch auch", erklärte der Arzt und machte erneut einen schlechten Zug.

„Wenn Schach wie das Leben ist: Wer ist dann der Gegner?" wollte der Lehrer wissen.

„Jeder Mensch, der gegen uns arbeitet", antwortete sein Freund.

„Jeder Vorgang, der uns Schaden bringt oder für Ärger sorgt. Sogar das Schicksal, wenn es uns Steine in den Weg legt oder Schläge versetzt. Doch unser größter und gefährlichster Gegner sind wir selbst."

„Damit hast du völlig recht", sagte der Lehrer nach einer Weile und bewegte seine Dame. „Weil du philosophiert hast, anstatt dich auf das Spiel zu konzentrieren, werde ich dich in drei Zügen schachmatt setzen. Aber im Grunde hast du dich selbst geschlagen."

DIE WAHRHEIT UND DIE LÜGE

Als die Lüge und die Wahrheit sich begegneten, fragte die Lüge: „Warum bist du so traurig?"

„Ich bin traurig", erklärte die Wahrheit, „weil die Menschen mich nicht mögen, Angst vor mir haben und vor mir flüchten. Und dabei brauchen sie mich doch so sehr! Und warum bist du so gut gelaunt?"

„Ich bin gut gelaunt", sagte die Lüge, „weil die Menschen mich nicht nur brauchen, sondern mich auch mögen und lieben und täglich in ihr Leben lassen."

„Kein Wunder, daß die Welt so furchtbar ist!" stellte die Wahrheit mit bitterem Tonfall fest. „Sie wäre besser, wenn es dich nicht gäbe!"

„Oh", sagte die Lüge beleidigt. „Gönnst du mir meine Existenz nicht? Vergiß nicht, ich bin sehr nützlich. Ich erspare den Menschen die Begegnung mit dir, die sie oft nicht ertragen. Denn was hast du ihnen schon zu bieten?"

„Mich selbst", sagte die Wahrheit.

„Das genügt den Menschen nicht. Du sagst ihnen, daß sie nur geboren werden, um irgendwann zu sterben. Daß nichts bleibt, wie es ist. Daß sie krank und alt werden. Daß sie ihre Freunde verlieren und ihre Liebesgeschichten scheitern. Sie brauchen Hoffnungen, sie brauchen Illusionen. Und die gebe ich ihnen!"

Die Wahrheit dachte eine Weile nach. Schließlich sagte sie: „Vielleicht machst du den Menschen das Leben oft leichter. Und deshalb mögen sie dich. Weil sie im allgemeinen das Leben als schwer empfinden. Doch früher oder später müssen sie mir ins Gesicht sehen. Warum tun sie das nicht gleich, wenn sie es ohnehin irgendwann tun müssen?"

„Weil die Menschen gerne das Unangenehme so lange wie möglich vor sich hinschieben und sich erst dann damit auseinandersetzen, wenn es gar nicht mehr anders geht. So sind sie nun mal!"

„Ja", gab die Wahrheit der Lüge recht, „da sagst du mal ausnahmsweise die Wahrheit."

DIE WACHSAMKEIT DER GAZELLE

Nachdem eine junge Gazelle nur um Haaresbreite dem Angriff eines Tigers entgangen war, sagte eine alte Artgenossin zu ihr: „Du hättest dem Tiger nicht erlauben dürfen, sich so nah an dich anzuschleichen, daß er dich fast erlegt hätte. Deine Witterung hätte dich rechtzeitig gewarnt, wenn du nicht so sehr auf das Grasfressen konzentriert gewesen wärst."

„Aber das Gras hat so gut geschmeckt! Ich habe seinen Geschmack genossen!"

„Du darfst dich nie ablenken lassen, von keinem Genuß der Welt. Du mußt immer so aufmerksam und wachsam sein, als würde eine hungrige Raubkatze sich an dich heranpirschen. Denn früher oder später wird sie es tun."

„Immer? Aber wenn ich mich nie entspannen kann, nie etwas richtig genießen kann, was ist mein Leben dann noch wert? Was ist ein Leben in ständiger Angst wert?"

„Verstehe mich nicht falsch! Du sollst nicht ständig Angst haben, sondern nur ständig aufmerksam sein. Zwischen Angst und Aufmerksamkeit besteht ein sehr großer Unterschied. Diesen Rat solltest du befolgen, wenn du so alt werden willst wie ich. Meine Beine sind nicht mehr so schnell wie früher. In nicht allzu ferner Zeit werde ich vielleicht dem Angriff einer Raubkatze erliegen, weil meine Schnelligkeit nicht mehr ausreicht, um ihr zu entkommen. Aber ich werde bis zu meinem letzten Atemzug um mein Leben kämpfen. Denn ich liebe es."

„Wie kannst du dein Leben lieben, wenn du es nie genießen konntest, weil du immer wachsam warst?"

„Zuerst habe ich gelernt, zu genießen und gleichzeitig wachsam zu sein. Und mit der Zeit habe ich gelernt, meine Wachsamkeit zu genießen", antwortete die alte Gazelle.

Ein Tauschhandel

Ein älterer Mann galt als der wohl größte Weise im ganzen Königreich. Er war arm und bescheiden und lebte allein in einer kleinen Holzhütte am Rand eines Dorfes.

Der König des Reiches hatte ihn durch einen Boten schon mehrmals in sein Schloß eingeladen, aber der Weise hatte nur gesagt, daß er sein Dorf nicht verlassen wolle.

Wäre er nicht der größte Weise in meinem Reich, würde ich ihn für seine Mißachtung meiner Einladungen bestrafen, dachte der König, aber vielleicht hat er ja einen guten Grund dafür, sie auszuschlagen. Und so entschied er sich, der Redensart zu folgen, nach welcher der Berg zum Propheten kommen müsse, wenn der Prophet nicht zum Berg kam.

Schon am nächsten Tag klopfte der König an die Tür des Weisen.

„Oh, der König", sagte er überrascht, „welch unverhoffter Besuch! Mögt Ihr in meine bescheidene Hütte eintreten und ein Glas Wasser mit mir trinken?"

Der König setzte sich mit dem Weisen an einen mit Kerben und Kratzern übersäten Holztisch. „Warum hast du meine Einladungen in mein Schloß nicht angenommen?" eröffnete er das Gespräch.

„Ich verlasse schon seit vielen Jahren mein Dorf nicht mehr."

„Reizt es dich denn gar nicht, die Pracht meines Schlosses zu sehen?"

„Mir genügt es, die Pracht der Erde und des Himmels zu sehen."

„Du lebst in Armut", stellte der König fest.

„Das ist der Preis meiner Freiheit, den ich gern zahle."

„Deine Kleidung ist abgetragen und sieht so aus, als würde sie bald auseinanderfallen."

„Alles fällt irgendwann auseinander, was einmal zusammengefügt wurde."

„Ist es wahr, daß du von den Gaben lebst, die Menschen in diesem Ort und in den umliegenden Dörfern dir für deine Ratschläge überlassen?"

„Das ist wahr."

„Warum suchen sie deinen Rat?"

„Weil sie in Not sind, aus unterschiedlichen Gründen."

„Nenne mir einige!"

„Wenn ihnen Schwierigkeiten so sehr zu schaffen machen, daß sie weder ein noch aus wissen. Wenn ein harter Schicksalsschlag sie getroffen hat. Wenn sie einen Streit führen, der nicht enden will. Wenn sie darunter leiden, von ihrem Weg abgekommen zu sein, und Angst haben, ihn nicht mehr zu finden. Ich höre ihnen mit meiner Seele zu – und aus meiner Seele strömen Worte, die ihnen oft helfen, die ein Licht in ihnen entzünden. Dafür zeigen sie sich erkenntlich, jeder nach seinen Möglichkeiten und auf seine Weise."

„Kannst du allen helfen, die zu dir kommen?"

„Ich versuche es, aber es gelingt mir nicht immer. Manche Schicksalsschläge sind so hart, manche Irrwege so hoffnungslos, daß meine Seele keine Worte der Hilfe findet. Dann schweige ich. Es ist besser zu schweigen, als einem Menschen in Not seelenlose Worte zu sagen."

„Deine Hütte ist klein und alt. Warum arbeitest du nicht mehr? Dann könntest du dir eine größere, neue Hütte leisten."

„Ich bin ein alter Mann und habe genug gearbeitet in meinem Leben. Mit meiner Hütte bin ich völlig zufrieden."

„Man sagt über dich, daß du weise bist."

„Sagt man das?"

„Ja, es heißt, daß dein Lebenswissen tief wie das Meer ist und daß deine Ratschläge unübertrefflich sind. Deshalb bin ich zu dir gekommen. Ich wünsche mir einen weisen Ratgeber an meinem Hof. Meine drei engsten Berater sind klug und gebildet, sie können um sieben Ecken denken, aber sie sind nicht weise."

„Woran erkennst du, daß sie nicht weise sind?"

„Sie wetteifern ehrgeizig darum, als der beste Ratgeber in meinen Augen zu gelten. Dabei gebärden sie sich so wichtigtuerisch und theatralisch, daß es manchmal schon komisch wirkt. Ich glaube, ein Weiser wetteifert nicht und zeichnet sich durch Gelassenheit aus, er ist einzigartig und unersetzlich. Meine Berater gleichen einander in ihrer Art wie ein Ei dem anderen, und jeder von ihnen ist ersetzlich. Ich biete dir hundertfünfzig Dukaten pro Jahr für deine Dienste an. Das ist so viel, wie ich meinen drei engsten Beratern zusammen zahle."

„Euer Angebot ehrt mich. Doch ich muß es ablehnen."

„Aber warum denn?"

„Weil ich mich damit in Eure Dienste stellen und meine Freiheit verlieren würde."

„Was ist so schlecht daran, in einem Schloß zu leben?"

„Ich lebe lieber in meiner Hütte."

„Und wenn ich mein Angebot verdoppele?"

„Dann würde ich auch nicht darauf eingehen."

Der König war verärgert und gleichzeitig beeindruckt. Jeder Mensch hat seinen Preis, dachte er und sagte: „Mein letztes Wort: Ich biete dir fünfhundert Dukaten pro Jahr!"

„Und wenn Ihr mir alles Gold in Euren Schatzkammern bieten würdet, könnte ich nur wiederholen: Meine Freiheit ist unbezahlbar."

„Aber warum?"

Der Weise lächelte.

„Weil sie das Wesen meiner Seele ist. Wenn ich meine Freiheit verkaufe, dann verkaufe ich meine Seele. Und nur ein Narr verkauft seine Seele, denn sie ist das Wertvollste, was ein Mensch hat."

„Warum ist deine Seele so wertvoll für dich?"

„Weil sie der Kern meines Lebens ist. Wenn ich diesen Kern verkaufe, mache ich mich zu einem hohlen Menschen."

Der König konnte trotz seiner Verärgerung nicht umhin, dem Weisen Respekt zu zollen: „Du bist ein standfester Mann. Zweifellos bist du aus einem anderen Holz geschnitzt als meine Ratgeber, Minister und Höflinge. Du schmeichelst mir nicht, buhlst nicht um meine Gunst, sondern sagst, was du denkst. Und Reichtum, nach dem doch alle Menschen streben, führt dich nicht in Versuchung. Wie bist du zu dem geworden, der du bist?"

„Indem ich immer der Stimme meiner Seele folgte", sagte der Weise. „Ich wäre ein Narr gewesen, jemand anders zu werden als der, der ich bin."

„Wie hast du deine Weisheit erlangt? Oder läßt sich Weisheit nicht erlangen? Wird sie einem Menschen in die Wiege gelegt wie eine wunderschöne Gesangsstimme?"

„Ich kann Euch nur sagen, daß ich schon als junger Mann das Bedürfnis verspürte, durch die Oberfläche der Menschen und der Dinge hindurch zu sehen, um ihr eigentliches Wesen zu ergründen. Dieser Wunsch nach tiefster Einsicht hat mich wie ein treuer Freund durch mein ganzes Leben begleitet und die Wege gehen lassen, die mir entsprachen."

„Und du bist nie einen Weg gegangen, der sich als falsch herausgestellt hat, den du bereuen mußtest?"

„Auf einigen Wegen wurde ich von Zweifeln befallen. Doch zurückblickend kann ich sagen, daß alle Wege, die ich gegangen bin, auch die schwierigsten, ihren Sinn und ihren Wert hatten. Bereut habe ich keinen von ihnen."

„Eins will ich dich noch fragen: Was siehst du, wenn du durch meine Oberfläche hindurch blickst?"

„Ich sehe einen Mann, der sich unter der Last seiner großen Verantwortung Sorgen um das Heil seiner Seele macht."

Der König atmete tief durch und schaute dem Weisen nachdenklich in die Augen. „In gewisser Weise beneide ich dich", gestand er. „Du führst ein anspruchsloses Leben, aber es ist ganz und gar dein Leben. Mein Leben ist voller Reichtum und Überfluß, aber von früh bis spät liegen mir meine Berater und Minister in den Ohren und erwarten Entscheidungen und Verordnungen von mir. Unentwegt bin ich von Höflingen und Dienern umgeben. Alle lächeln untertänig und verbeugen sich vor mir, aber ich weiß nicht, was sie insgeheim über mich denken. Alle erweisen mir größte Ehrerbietung und Hochachtung, und doch fühle ich mich in ihrer Mitte oft seltsam allein. Im Gespräch mit dir habe ich mich nicht allein gefühlt. Dafür danke ich dir."

Der König erhob sich von dem Holzschemel. „Vor der Tür warten meine Kutsche und meine Leibgarde, um mich zurück in mein Schloß zu bringen, wo ich mich manchmal wie der Gefangene meiner eigenen Macht fühle. In deiner Nähe fühlte ich mich auf unerklärliche Weise frei."

Der König griff in eine Tasche seiner edelsteinbesetzten Jacke, zog einen roten Samtbeutel daraus hervor und legte ihn auf den Tisch. „Darin sind hundert Dukaten. Ich schenke sie dir und erwarte dafür keine Gegenleistung."

„Das ist ein zu großes Geschenk", sagte der Weise.

„Nein, es ist ein Tauschhandel", erklärte der König. „Ich gebe dir ein kleines Stück von meinem Reichtum für ein kleines Stück von deinem Reichtum."

DER AUTOR

Hans Kruppa ist einer der meistgelesenen deutschen Dichter und Erzähler. Seine Gedichte und Märchen, Aphorismen und Kurzgeschichten, Erzählungen und Romane hat er in mehr als hundert Büchern mit einer Gesamtauflage von über zwei Millionen Exemplaren veröffentlicht. Einige seiner Bücher erschienen in anderen Sprachen. Für sein schriftstellerisches Werk wurde er mit dem New Yorker Otto-Mainzer-Preis ausgezeichnet. Er lebt als freier Schriftsteller in Bremen.

„Schreiben ist für mich Berufung und Beruf, Leidenschaft und Abenteuer, Schaffensfreude und Erkenntnisfindung. Es ist ein Teil meines Lebens und meiner Lebensqualität. Alles, was ich liebe, was mich fasziniert, betrifft und berührt, was mich vor Fragen stellt und nach Antworten verlangt, fließt früher oder später in meine Bücher. Daß sie so viele Menschen inspirieren, erfüllt mich mit Freude."

Hans Kruppa

Mehr Informationen: www.hans-kruppa.de